Andreas Klein/Roger Kunz-Brenner/Mario Stephan (Hrsg.)

Enterprise Performance Management
Schritt für Schritt zu einem nachhaltig höheren Leistungsniveau

Andreas Klein/Roger Kunz-Brenner/Mario Stephan (Hrsg.)

Enterprise Performance Management

Schritt für Schritt zu einem nachhaltig höheren
Leistungsniveau

Haufe Gruppe
Freiburg • München

Bibliografische Information Der Deutschen Nationalbibliothek

Die Deutsche Nationalbibliothek verzeichnet diese Publikation in der Deutschen Nationalbibliografie; detaillierte bibliografische Daten sind im Internet über http://dnb.dnb.de abrufbar.

Print: ISBN: 978-3-648-07740-5
ePDF: ISBN: 978-3-648-07741-2

Bestell-Nr.: 11408-0001
Bestell-Nr.: 11408-0150

Andreas Klein/Roger Kunz-Brenner/Mario Stephan (Hrsg.)

1. Auflage 2015

© 2015 Haufe-Lexware GmbH & Co. KG
Niederlassung München
Redaktionsanschrift: Postfach, 82142 Planegg/München
Hausanschrift: Fraunhoferstraße 5, 82152 Planegg/München
Telefon: 089 895 17-0
Telefax: 089 895 17-290
www.haufe.de
info@haufe.de
Lektorat: Günther Lehmann

Umschlag: RED GmbH, 82152 Krailling.
Druckvorstufe: Reemers Publishing Services GmbH, Luisenstraße 62, 47799 Krefeld.
Druck: Schätzl Druck & Medien, 86609 Donauwörth.

Vorwort

Eine Organisation auf Leistungssteigerung zu trimmen ist aus vielerlei Gründen keine triviale Aufgabe. Zum einen gibt es viele (interne) Hebel und (externe) Einflussfaktoren, die sich gegenseitig beeinflussen und/oder voneinander abhängen; zum anderen ändert sich das unternehmerische Umfeld heute so rasant, dass einmal Funktionierendes schon nach kurzer Zeit wieder hinterfragt und ggfs. bereits wieder angepasst werden muss. Personen lassen sich bekanntlich nicht einfach „steuern", sondern widersetzen sich Steuerungs- bzw. Adaptionsversuchen nicht nur regelmäßig und konsequent, sondern sie bringen häufig eine nicht immer vorhersehbare Individualität mit ein. Anhänger der Systemtheorie reden von einem komplexen Problem.

Diese Komplexität ist es, die simplifizierende Management-Tools in der Praxis so wenig effektiv sein lassen. Zwar haben es vor allem die mess-optimierenden Instrumente in der Vergangenheit zu einiger Popularität gebracht, doch (bis auf die an deren wirtschaftlichem Erfolg interessierten Parteien) wird niemand ernstlich behaupten wollen, dass damit deutliche und nachhaltige Leistungssteigerungen bei den Unternehmen erzielt worden sind. Diverse aus der akademischen Welt stammenden Ansätze versprechen zwar eine bessere Komplexitätsbewältigung, jedoch mangelt es nur allzu oft an Praktikabilität, so dass auch diese keine nennenswerte Wirksamkeit besitzen.

Der im vorliegenden Buch dargestellte Ansatz kombiniert beide Welten und stellt einen sowohl praktisch erprobten als auch wissenschaftlich fundierten Ansatz der Leistungssteuerung oder neudeutsch des „Enterprise Performance Management" (EPM) vor. EPM erweist sich hierbei nicht als einfache Umsetzung eines bestimmten Werkzeugs oder eines speziellen Verfahrens, sondern ist als zyklischer Prozess zu verstehen, der mit jedem Durchlauf ein neues, höheres Leistungsniveau realisiert. Jeder Schritt wird dabei zuerst konzeptionell begründet und dann anhand eines oder mehrerer Praxisbeipiele operationalisiert. Die Ausführungen bleiben deshalb nicht abstrakt und lehrbuchartig, sondern zeigen anhand konkreter Praxisprojekte wie sich die konzeptionellen Überlegungen in der unternehmerischen Praxis umsetzen lassen.

Wir wünschen Ihnen viele praktische Anregungen bei der Lektüre!

Heidelberg und Zürich im Juli 2015

Andreas Klein,
Roger Kunz-Brenner,
Mario Stephan

Inhalt

Kapitel 7: Literaturanalyse

Die Autoren

Fabian Egli
Head Group Controlling bei der UEFA im Headquarter in Nyon. Davor war er Leiter Rechnungswesen (CH) und Projektleiter bei der Swiss Life in Zürich.

Dr. Holger Greif
Consulting Leader und Leiter Digital Transformation bei PwC Schweiz.

Marc-Antoine Grepper
Seit 2001 im Bereich Consulting Finance als Experte für Enterprise Performance Management tätig. Von 1999 bis 2001 war er Projekt Leader bei der Swisscom AG im Bereich IT Services. Marc-Antoine Grepper leitet bei PwC Zürich den Bereich EPM Technologies.

Miriam Hirs
Senior Manager im Bereich Enterprise Performance Management bei PwC in Zürich und ausgewiesene Expertin für Management Reporting.

Roger Kunz-Brenner
Verantwortlicher Partner für den Bereich „Finance" von PwC in der Schweiz sowie Mitglied des globalen „Finance" Leadership Teams.

Krystian Lasek
Finanzchef AMAG Import, lic. oec. et. lic. jur. HSG.

Dr. Markus Meier
Leiter des Strategischen Managements am Inselspital in Bern. Er ist ausgebildeter Gesundheitsökonom und doziert an verschiedenen Universitäten der Schweiz.

Monica Otten
Director Cultural Change, Zurich Insurance Group.

Jogi Rippel
CEO der TIGNUM AG.

Dr. Mathias Rodenstein
Berater im Bereich Risikomanagement bei PwC Schweiz. Seine Spezialisierung sind operationelles und Kreditrisiko sowie die Entwicklung und Integration automatisierter Risikomanagementsysteme.

Remo Schmid

Partner bei PwC und verantwortlich für den Bereich HR Consulting in der Schweiz. Er berät seit mehr als 15 Jahren börsennotierte und privat gehaltene Gesellschaften rund ums Thema Vergütung mit starkem Fokus auf die Mitarbeiterbeteiligung.

Dr. Mario Stephan

Direktor des Bereichs Enterprise Performance Management bei PwC in Zürich und Leiter des Studiengangs Corporate Strategy an der Steinbeis-Hochschule, Berlin.

Prof. Dr. Andrea Schenker-Wicki

Ord. Prof. für BWL am Institut für Betriebswirtschaftslehre an der Universität Zürich und Leiterin des Lehrstuhls für Performance Management sowie Direktorin des Executive MBA Programms. Zum 1. August 2015 wurde sie zur Rektorin der Universität Basel ernannt.

Claus Michael Wiegels

begann seine berufliche Laufbahn bei PwC im Jahr 1997. Er hat umfangreiche Erfahrungen in prozessualen und systemtechnischen Fragestellungen insbesondere im Bereich Finanzwesen, Controlling und Konzernsteuerung und hat bereits eine Vielzahl von verschiedenen Lösungen für die Konzernsteuerung eingeführt. Heute ist er Partner bei PwC im Bereich Advisory und verantwortet dort das Business Applications Team.

Kapitel 1: Standpunkt

Interview zum Thema „Enterprise Performance Management"

■ Interviewpartner

Prof. Dr. Andrea Schenker-Wicki war Ord. Professorin für BWL am Institut für Betriebswirtschaftslehre an der Universität Zürich und Leiterin des Lehrstuhls für Performance Management sowie Direktorin des Executive MBA Programms. Zum 1. August 2015 wurde sie zur Rektorin der Universität Basel ernannt.

Das Interview führte:

Roger Kunz-Brenner, verantwortlicher Partner für den Bereich „Finance" von PwC in der Schweiz sowie Mitglied des globalen „Finance" Leadership Teams.

Sehr geehrte Frau Prof. Schenker-Wicki, was ist eigentlich unter „Enterprise Performance Management" zu verstehen?

Prof. Schenker-Wicki: Enterprise Performance Management (EPM) ist ein ganzheitlicher Ansatz, der die Steuerung und die Leistung eines gesamten Unternehmens verbessern will. Dies ist eine sehr anspruchsvolle Aufgabe, da die Steuerung eines Unternehmens ein vielschichtiger Prozess ist, der auf normativer, strategischer und operativer Ebene erfolgen muss. Wurden in den letzten Jahren vor allem die Messverfahren auf operativer Ebene ausgebaut, ist man sich heute bewusst, dass die normative und strategische Ebene ebenfalls ins Zentrum der Aufmerksamkeit gehören. Denn ohne Strategie können keine operativen Ziele definiert werden. Fehlen Normen und Werte, stößt die Strategie ins Leere. Normen müssen daher mit Strategien vernetzt und diese wiederum mit operativen Tätigkeiten und einem Reporting verknüpft werden, und zwar so, dass schließlich eine Leistungsbeurteilung möglich wird.

Was sind denn die Merkmale einer auf Leistung ausgerichteten Organisation?

Prof. Schenker-Wicki: Normative, strategische und operative Unternehmensführung aufeinander abgestimmt; motivierte Mitarbeiterinnen und Mitarbeiter inkl. einem entsprechenden Management Development; EPM mit Analysen zu Märkten, Kunden, internen Prozessen sowie zu den Finanzen. Zusätzlich angemessene Anreizsysteme. Dies bedeutet konkret, dass die Werte und Ziele einer Unternehmung aufeinander abgestimmt und die Zielsetzungen auf eine operative Ebene heruntergebrochen werden müssen, damit alle am gleichen „Strick" ziehen. Zur Erreichung der Zielsetzungen müssen die Mitarbeiterinnen und Mitarbeiter entsprechend ausgebildet und entlohnt werden. Wenn Team-arbeit gefragt ist, ist bei stark individuell geprägten Anreizsystemen Vorsicht geboten. EPM konzentriert sich nicht nur auf die interne Welt eines Unternehmens, sondern analysiert auch die externe Umwelt, um sicherzustellen, dass in einem Benchmarking-Verfahren die richtigen Vergleichspartner ausgewählt werden und in der strategischen Planung die richtigen Szenarien erstellt werden.

Und welche halten Sie für die wichtigsten?

Prof. Schenker-Wicki: Die wichtigsten Performance-Treiber überhaupt sind für mich Kunden und Märkte, d.h. eine strikte Ausrichtung auf die Kunden und die Märkte. Diese müssen immer im Zentrum der Aufmerksamkeit stehen. In dem Moment, in dem ein Unternehmen diesen Fokus verliert, reduziert sich die Performance. Dann als Zweites die Mitarbeiterinnen und Mitarbeiter, die in einer Wissensgesellschaft das wichtigste Kapital eines Unternehmens darstellen. Als drittes muss schließlich sichergestellt werden, dass sich eine Unternehmung ständig verbessern kann. Dies wird über den Einsatz von Feedback-Schlaufen sichergestellt.

Feedbackschlaufen entsprechen in der Systemperspektive den Rückkopplungseffekten. Fritz Simon sagt hierzu bspw., dass es keine „instruktive Interaktion" mit komplexen Systemen geben kann. Er meint damit, dass man zwar versuchen kann, eine Organisation punktgenau zu steuern, aber letztlich nie genau vorhersagen kann, was die Organisation daraus macht. Das bedeutet, dass immer ein Rest an Unschärfe oder Unsicherheit bleibt. Sehen Sie diese Unschärfe als kritisch oder sogar als Gefahr für eine effektive Steuerung?

Prof. Schenker-Wicki: Weder noch. Mit dieser Unschärfe muss man leben. Man kann sie allerdings durch geeignete Organisationsformen, z.B. Dezentralisierung, Redundanzen und Feedback-Schlaufen, entschärfen. Dass ein komplexes System immer mit Rückkoppelungseffekten, die nicht immer vorhersehbar sind, konfrontiert werden kann, ist eine Tatsache, die sich nicht wegdiskutieren lässt. Eine gewisse Unschärfe muss in die Unternehmenssteuerung einbezogen werden.

Die Systemtheorie hat allgemein einen wieder erstarkenden Einfluss auf das Thema Unternehmenssteuerung – warum ist diese Perspektive wieder relevant?

Prof. Schenker-Wicki: Ein wichtiges Element der Systemtheorie sind die eben angesprochenen sog. Feedback-Schlaufen, die notwendig sind, um organisationales Lernen und eine Regelung von Systemen zu ermöglichen. Unter Regelung versteht man die selbsttätige Anpassung eines Ist-Werts an einen vorgegebenen Soll-Wert. Diese Selbstkontrolle oder die sich selbst regulierenden Kreisläufe sind in der Biologie eine conditio sine qua non, damit ein Lebewesen überhaupt funktionieren und überleben kann. Gelingt es einem Unternehmen, an den richtigen Orten Feedback-Schlaufen einzubauen, erfolgt eine automatische Korrektur dort, wo die Daten anfallen. Damit können die Kontrollaktivitäten top-down verringert werden und die Energie kann für die Steuerung des Gesamtunternehmens eingesetzt werden. Die Systemtheorie ist für den ganzheitlichen Ansatz einer Enterprise Performance unabdingbar, da ansonsten die Unternehmen in ihren Kontrollaktivitäten zu ersticken drohen.

Interessant! Es geht also weniger um die Optimierung einzelner Messergebnisse, worauf populäre Konzepte wie die Balanced Scorecard lange Zeit abgestellt haben, als vielmehr um ein sich selbst regulierendes System?

Prof. Schenker-Wicki: Es war nicht unbedingt so, dass Kaplan und Norton die Balanced Scorecard auf eine reine Messoptimierung reduzieren wollten, im Gegenteil: Die strategischen Ziele sollten ja gerade mit in die Beobachtungen einfließen. In der Realität wurde die Balanced Scorecard dann allerdings häufig für Messoptimierungsübungen verwendet. Der Grund dafür basiert wahrscheinlich in vielen Fällen auf der Tatsache, dass Messen eine einfache Aufgabe ist, die ein Einzelner ohne große Kenntnisse des Unternehmensgeschehens mit Erfolg durchführen kann.

Wesentlich schwieriger wird es, wenn wir höhere Ansprüche an Datenbestände haben und uns vornehmen, Unternehmensrealitäten zu modellieren, um aus den vorhandenen Daten Aussagen zur Unternehmensentwicklung, zur Innovationskraft sowie zu den wichtigsten Kunden und Märkten zu machen. Diese Aufgaben können nur in Teams, wo die dazu notwendigen Spezialisten, aber auch die Executives eingebunden sind, erfolgreich bewältigt werden.

Der Faktor Mensch hat offensichtlich ebenfalls eine große Bedeutung. Was zeichnet eigentlich eine Leistungskultur aus und was können Organisationen tun, um eine solche zu erlangen?

Prof. Schenker-Wicki: Leistungskultur, eingebettet in eine ganzheitliche Unternehmenskultur, zählt m. E. zum Wichtigsten, wenn man die Mitarbeiterinnen und Mitarbeiter in ein Unternehmen einbinden und diesem zu einem nachhaltigen Erfolg verhelfen möchte. Eine Leistungskultur bringt die Mitarbeiterinnen und Mitarbeiter eines Unternehmens dazu, sich mit einem Unternehmen zu identifizieren und nicht aufgrund von äußerem Druck, sondern aus eigenem Antrieb das Beste für ein Unternehmen zu geben. Dieser Aspekt ist m. E. in den letzten Jahren im Zusammenhang mit Performance Management in der Praxis vielleicht etwas zu kurz gekommen.

Aus Beobachtungen weiß man, dass eine Leistungskultur durch eine entsprechende Führung und durch Leistungswettbewerbe etabliert werden kann. Dies ist vor allem in der Wissensgesellschaft von zentraler Wichtigkeit, da nur diejenigen Unternehmen gewinnen, welche kontinuierlich innovieren. Solche Leistungswettbewerbe finden unter Peers statt, bedingen eine gewisse Autonomie, da es ohne Autonomie keine Innovationen geben kann, und verlangen auch finanzielle oder zeitliche Ressourcen. Beim Thema „Führung" spielen einerseits das Vorbild und andererseits die Anreizsysteme eine sehr wichtige Rolle. Wie aus der Forschung bekannt ist, verfügen High-Performance-Unternehmen über Leaders, die integer, authentisch und einem größeren Ganzen verpflichtet sind. Auch die Anreizsysteme müssten in einer Innovationsgesellschaft so gestrickt werden, dass sie Innovationen, die meistens in Teams erbracht werden, zulassen und nicht durch eine zu hohe individuelle Belohnungskomponente verhindern.

Was sagen Sie zu den Entwicklungen im Bereich des Executive Performance Management, in denen Prinzipien aus dem Spitzensport in den Geschäftskontext übertragen werden?

Prof. Schenker-Wicki: Da sich der Sport in den letzten Jahrzehnten zu einem Milliardengeschäft entwickelt hat, werden in diesem Bereich auch umfassende Forschungsprogramme zu Fragen der Gesundheit, Belastbarkeit und Performance durchgeführt. Diese Programme haben sehr interessante Resultate hervorgebracht, die sowohl für Unternehmen im übertragenen Sinne als auch für Executives ganz konkret, nützlich sein können. Ich finde vor allem die Forschungsarbeiten zum Thema „Resilienz" sehr interessant.

Ein interessantes Stichwort, können Sie das ausführen?

Prof. Schenker-Wicki: Resilienz bedeutet konkret, dass ich meine Anstrengungen darauf ausrichte, dass ein System belastbar ist und bleibt. Das gilt nicht nur für ein Individuum, sondern auch für eine ganze Organisation.

Und welche Rolle spielt hierbei die IT?

Informationstechnologien spielen nach wie vor eine außerordentlich wichtige Rolle. Sie dienen in erster Linie dazu, die in einem Unternehmen anfallenden Daten so aufzubereiten und zu speichern, dass basierend darauf entsprechende Analysen und Reportings generiert werden können. Leider ist es so, dass in vielen Unternehmen immer noch verteilte und teilweise historisch gewachsene und keine integrierten Lösungen benutzt werden. Verteilte Systeme sind oft sehr arbeitsaufwendig, da sie über keine standardisierten Schnittstellen verfügen, sodass manuelle Transaktionen notwendig sind, welche die Fehlerquote erhöhen.

Im Gegensatz zu den verteilten Systemen gibt es eine Reihe von Unternehmen, i.d.R. größere Unternehmen, die über integrierte Lösungen – Business Intelligence Lösungen – verfügen, die z.B. für Planungs- und Forecast-Aktivitäten, aber auch für das Risikomanagement oder strategische Fragen eingesetzt werden können. Obwohl Business-Intelligence-Lösungen einen höheren Nutzen und einen flexibleren Einsatz versprechen, werden sie an vielen Orten nur zögerlich eingesetzt, da Unternehmen die hohen Kosten und den Aufwand scheuen, welche eine Systemumstellung mit sich bringt.

Haben die etablierten Softwareanbieter, allen voran SAP, hier nicht schon ein Reihe von Lösungen entwickelt? Und die In-Memory-Technologien wie bspw. HANA sind doch zurzeit in aller Munde?

Prof. Schenker-Wicki: Das ist tatsächlich der Fall. Nur mit der Umsetzung hapert es noch an einigen Stellen.

Was werden zukünftige EPM-Trends und was sollten Ihrer Ansicht nach die zukünftigen Forschungsschwerpunkte im EPM sein?

Prof. Schenker-Wicki: Ein wichtiger Trend, den ich vor allem für die großen Unternehmen sehe, sind „Big Data Analytics" und etwas weiter gefasst alle Fragen, die mit der „Digital Society" zusammenhängen. Diese neuen Realitäten müssen in die Performance-Management-Systeme integriert werden. Wichtig scheint mir aber auch, dass wir bei allen Modellen und Messkonzepten den Menschen nicht vergessen und uns bewusst sind, dass wir uns, je länger, desto mehr, in einem multikulturellen Kontext befinden, in welchem andere Spielregeln gelten als bei uns. Diese Spielregeln gehören ebenfalls erforscht und last but not least verfügt auch das Thema **„Umgang mit Komplexität"** über ein großes Forschungspotenzial.

Was genau verstehen Sie unter „Umgang mit Komplexität" und was kann EPM hier positiv beitragen?

Prof. Schenker-Wicki: Umgang mit der Komplexität bedeutet, dass in einem EPM-System die wirklich relevanten Daten ausgewertet und dafür intelligente Filter gesetzt werden. Es ist leider immer noch so, dass in vielen Unternehmen häufig veraltete Daten, z.B. aus dem Rechnungswesen, stark priorisiert und Daten, welche die Zukunft oder die Entwicklung des Umfelds betreffen, nur am Rande berücksichtigt werden.

Vielen Dank für das anregende Gespräch!

Kapitel 2: Grundlagen

Enterprise Performance Management: Grundlagen, Bestandteile und Anwendungszyklus

■ Enterprise Performance Management (EPM) zielt auf die nachhaltige Steigerung der Leistungsfähigkeit einer Organisation.

■ EPM umfasst eine Sequenz von drei Kernprozessen (Strategy to Plan, Measure to Report und Reward and Sustain) die ihrerseits auf einem Fundament von Basisfaktoren (Kultur, Risikomanagement und IT) aufbauen.

■ Das Gros der Leistungssteigerung wird durch einen insgesamt höheren strategischen Fokus und organisationsweise Ausrichtung aller unterstützenden Systeme erreicht („Fokus & Alignment").

■ EPM erfordert in den meisten Unternehmen einen Kulturwandel weg von der klassischen Messorientierung und -optimierung hin zu einem Ziel- und Projektbasierten Steuerungsverständnis, in dem die Selbststeuerung durch die vorherrschende Leistungskultur und das Arbeitsumfeld unterstütz wird.

■ Moderne EPM-Ansätze verstehen Organisationen mehr als Organismus denn als komplizierte Maschine und verlangen von den Top-Manager eine psychische und physische Professionalität wie sie auch von Spitzensportlern erwartet wird.

■ **Der Autor**

Dr. Mario Stephan, Direktor Enterprise Performance Management bei PwC in Zürich und Leiter des Studiengangs Corporate Strategy an der Steinbeis-Hochschule, Berlin.

1 Einordnung unter den Managementkonzepten

1.1 Performance Management vs. Enterprise Performance Management

Die meisten Führungskräfte verbinden mit dem Begriff des Performance Management zunächst Konzepte und Methoden der Mitarbeiterführung. Gerade im angelsächsischen Raum fokussiert das ohne Zusatz genannte Performance Management auf die Personalführung und die damit zusammenhängenden Problemstellungen. Der Leistungserhalt bzw. die Leistungssteigerung der Mitarbeitenden mittels klassischer Aspekte wie Lohn- und Anreizsysteme steht dabei im Fokus.

Es ist zum einen Gartner, einer in der IT-Branche bekannten und auf den Vergleich von Softwareanbietern spezialisierten US-amerikanischen Firma, zu verdanken, dass sich der Blickwinkel auch auf „Corporations" ausgeweitet hat. Mit Gartner hielt der Vorläuferbegriff des „Corporate Performance Management" Einzug in die Sphäre der Unternehmenssteuerung und damit in den Aufmerksamkeitsbereich des Topmanagements. Die Wandlung von Corporate zum Enterprise Performance Management ist hingegen der SAP AG aus Walldorf, Deutschland, geschuldet, die sich ihrerseits um einen eingängigen Begriff für auf Profit ausgerichtete Unternehmen bzw. eine zur Steuerung derselben ausgerichtete Software bemühte. Bezeichnend ist dabei, dass es sich in beiden Fällen um Softwarefirmen und damit um Interessensvertreter der Datenverarbeitung handelte.

„Enterprise" Performance Management zielt auf die Leistungssteigerung des Gesamtunternehmens

Zum anderen kann die Popularität des Enterprise Performance Management aber auch der Renaissance der Systemtheorie innerhalb der Betriebswirtschaftslehre zugebilligt werden. Dies vor allem, weil gerade die aktuellen Forschungen in Bezug auf die Charakteristika komplexer sozialer Systeme die Organisation als Ganzes gegenüber den sie bildenden Bestandteilen in den Vordergrund rückt. Die Fokussierung auf die eine Organisation tragenden Elemente wird in diesem Kontext als „Trägerschaftsillusion" bezeichnet und entsprechend als fehlleitende Fokussierung interpretiert. Denn aus systemtheoretischer Perspektive repräsentiert das Enterprise Performance Management das einzig adäquate „Emergenzniveau" zur Unternehmenssteuerung. Das heißt im Kern nichts anderes, als dass Organisationen als Entität wahrgenommen und entsprechend instrumentell unterstützt werden müssen. Der Mitarbeiter ist in diesem Verständnis zunächst so lange zu vernachlässigen, wie dieser den ihm aufgetragenen Auftrag in ausreichendem Masse unterstützt.

1.2 Performance Management vs. Performance Measurement

Performance
Management darf
nicht auf das
Messen von
Leistung reduziert
werden

Eine vor allem in der populärwissenschaftlichen Diskussion immer wieder zu beobachtende, jedoch fehlleitende Verengung des Themas bezieht sich auf die Reduzierung des EPM auf den Aspekt der Messoptimierung. Vermeintlich effektive Instrumente wie bspw. die Balanced Scorecard (BSC) haben für lange Zeit den Blick auf Kennzahlen respektive die Messung der Unternehmensleistung beschränkt. Es ist letztlich der Harvard Business School Press selbst – als anfänglicher Promoter der BSC – zu verdanken, dass sie mit ihrem Nachfolgeprojekt zur BSC, d. h. dem Buchbeitrag „Executing your strategy – how to break it down and get it done" eine fundamentale Kurskorrektur vollzogen hat. Dort wird ohne einen einzigen Bezug auf die bisherigen Thesen die Sichtweise postuliert, dass „there is no way to stratey executing than through the project portfolio". Gerade im Hinblick auf die moderne Sicht auf Organisationen, die diese wie angedeutet eher als lebenden Organismus anstelle eines mechanischen Uhrwerks interpretieren, ist diese Perspektive zu bestätigen. Vom Erfolg der Messkonzepte abhängige Marktteilnehmer werden dies selbstverständlich verneinen und der Messung respektive der Informationsversorgung der Unternehmensleitung mit belastbaren Daten und Informationen einen überproportionalen Stellenwert zuweisen. Wissenschaftlich lässt sich dies nicht bestätigen und auch die Praxis hat deutlich gezeigt, dass gerade die populärsten Messkonzepte ihre anfänglichen Versprechen nicht halten konnten.

1.3 Organismus vs. Maschine

Ein Unternehmen
ist mehr
Organismus denn
Maschine

Die eingangs angesprochene moderne Sicht begreift Organisationen heute als Organismus der spezifische Charakteristika aufweist, die einem mechanistischen System wie bspw. einem Uhrwerk fehlen. Diese Perspektive lenkt den Blick auf das eigentliche Kernproblem des EPM: die Lenkung eines komplexen sozialen Systems mit dem besonderen Schwerpunkt auf die nachhaltige Leistungssteigerung respektive Fähigkeit, die selbst gesetzten Ziele zu erreichen. Während gerade in der Nachkriegszeit noch über viele Jahrzehnte eine vergleichsweise hohe Planungs- und Prognosestabilität vorherrschte, ist das heutige Arbeitsumfeld von dynamischen, sich schnell verändernden Kontextfaktoren gekennzeichnet. Während also auf der einen Seite die Anzahl an zu berücksichtigenden Einflussfaktoren ansteigt, sinkt auf der anderen Seite die Zeit, in der die Zusammenhänge stabil bleiben. Kundenwünsche werden also nicht nur komplizierter und vielschichtiger, sondern ändern sich auch in immer kürzerer Zeit. Das führt in Summe zum eigentlichen

Kernproblem der heutigen Unternehmenssteuerung und das ist das Thema der Komplexität bzw. des Umgangs mit derselben.

2 EPM-Zyklus

Analysiert man des Thema EPM aus wissenschaftlicher Perspektive, d.h., versucht man die Steigerung der Unternehmensleistung nicht nur auf nicht nachprüfbare Praktikerberichte, sondern vor allem auf anerkannte theoretische Grundlagen zu stützen („Nichts ist so praktisch wie eine gute Theorie!"), dann kommt man zu dem Schluss, dass es beim EPM im Wesentlichen darum geht, Organisationen dabei zu helfen, in einer komplexen Welt ihren institutionellen Fortbestand, d.h. ihr Überleben sicherzustellen. EPM hilft Unternehmen in diesem Verständnis im Wettbewerb der Unternehmen nicht nur zu bestehen, sondern aufgrund einer höheren Leistungsfähigkeit sogar zu gewinnen. Aus einer eher praxisbasierten Perspektive lässt sich das Ziel des EPM deshalb verkürzt in der möglichst effektiven und effizienten Erreichung selbst gesteckter Ziele verorten. Das Unternehmen erreicht seine Ziele und ist deshalb als Einheit im Markt erfolgreich.

In beiden Interpretationen wird deutlich, dass es sich nicht um einmalige Aktivitäten, sondern um grundlegende Anliegen der Unternehmensführung handelt. Im Hinblick auf die Erkenntnisse aus organisatorischen Veränderungsprozessen und dort vor allem darauf, dass Veränderungen eine initiale Veränderungsphase und nach erfolgter Veränderung auch wieder eine Art Stabilisierungsphase erfordern, lässt sich das EPM vereinfacht in drei konsekutive Phasen unterleiten, die sich zu einem Zyklus verbinden (s. Abb. 1):

EPM-Zyklus besteht aus drei konsekutiven Phasen

- Strategy to Plan
- Measure to Report
- Reward and Sustain

Dieser Zyklus basiert seinerseits auf einem nicht vernachlässigbaren Fundament aus Risikoabwägungen, informationsverarbeitenden Technologien und einer entsprechenden Unternehmenskultur. Der dreiphasige Zyklus und das dreiteilige Fundament bilden in Summe die zentralen Komponenten effektiver EPM-Konzepte.

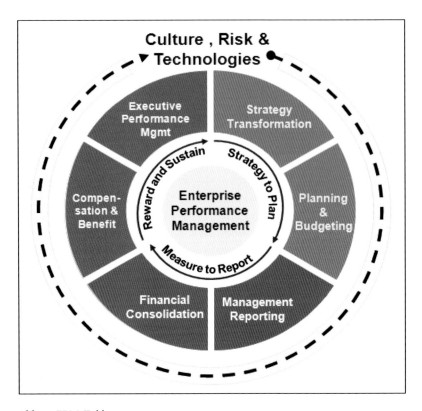

Abb. 1: EPM-Zyklus

2.1 Strategy to Plan

Strategien müssen in Ziele, Kennzahlen und Projekte übertragen werden

Die erste Phase des EPM-Zyklus hat zum Ziel, die gesamte Organisation auf die Gesamtunternehmensstrategie auszurichten und die kritischen, weil begrenzten Unternehmensressourcen in die zur Zielerreichung erforderlichen Maßnahmen zu leiten. Die beiden Kernprozesse der ersten Phase adressieren deshalb einerseits die Übersetzung oder **Transformation** der strategischen Vorgaben in Ziele, Kennzahlen und Maßnahmen. Andererseits wird die weiterführende Übersetzung der Strategie in **Pläne und Budgets** gefordert, damit es nicht bei Studien und Konzepten bleibt, sondern auch die notwendigen finanziellen Mittel zugesprochen werden.

Wichtige Instrumente, die im Rahmen der ersten Phase und damit in den beiden ersten EPM-Teilprozessen typischerweise eingesetzt werden, sind bspw. Strategielandkarten zur Visualisierung der Zielzusammenhänge, Verfahren des Projektportfoliomanagements zur Bewertung und

Priorisierung von Projekten und Programmen oder moderne Planungs- und Budgetierungsansätze. Die vorgängige Beispielliste enthält bewusst zunächst kein Instrument der Leistungsmessung, obwohl die Auswahl der Leistungskennzahlen (KPIs) und das Erstellen von Managementcockpits typischerweise in dieser Phase des EPM verortet werden. Das populäre Thema Management Reporting schließt sich vielmehr an die erste Phase an.

2.2 Measure to Report

Auf den vorherigen Bausteinen aufbauend, fokussiert die zweite Phase des EPM-Zyklus auf die Fähigkeit zur **Beobachtung der Leistungsentwicklung**. Leistungswerte werden erhoben, weiterverarbeitet, aggregiert und dem Management zur Entscheidungsfindung zur Verfügung gestellt. Ziel ist es, existierende Abweichungen von Zielwerten transparent werden zu lassen und entsprechende Kurskorrekturen einleiten zu können. Das Ziel der zweiten Phase ist erreicht, wenn nicht nur die relevanten Kennzahlen zur aktuellen Performance berichtet werden, sondern auch eine Vorausschau (Forecast) auf zu erwartende Leistungsergebnisse in der Zukunft möglich ist.

Leistungsentwicklung muss überwacht und antizipiert werden

Zu dieser Phase gehört auch die Schaffung einer validen und belastbaren Datengrundlage im Sinne des (Management) Accounting und Controllings. Darunter fallen bspw. Fragen der richtigen Datengranularität oder die Implementierung erforderlicher Rechnungslegungsstandards. Das klassische Reporing der relevanten Daten ist dann jedoch der eigentlich Hauptteil dieser nur aus einem Teilprozess bestehenden Phase. Hier werden Reportingprozesse optimiert, standardisiert und alle Ausgabeformate wie Dashboards, Cockpits oder Standardberichte implementiert. In multinationalen Unternehmen kommt gesondert noch die finanzielle Konsolidierung zwischen verschiedenen Unternehmen eines Verbunds hinzu.

Weil der Einsatz von leistungsfähigen IT-Systemen in dieser Phase am größten ist und weil gerade die stetig ansteigenden Menge von zu verarbeitenden Daten viele Firmen zum Einsatz entsprechend hoher Rechenkapazitäten und damit zur Installation entsprechender IT-Infrastrukturen zwingt, fokussieren sowohl die meisten Unternehmensberatungen als auch insbesondere die großen IT-Anbieter auf diesen Aspekt innerhalb des EPM. Hier liegt für sie der größte Beratungsbedarf mit den umfassendsten und andauerndsten Projekten. Die in der Praxis beobachtbare Verengung des Themas EPM auf die Inhalte der Phase 2 ist letztlich diesen Partikularinteressen geschuldet.

2.3 Reward and Sustain

Der erste Teilprozess dieser Phase des EPM-Zyklus adressiert den Aspekt der **Lohn- und Anreizsystem** und damit ein zutiefst menschliches Anliegen. Jeder Mensch handelt bewusst oder unbewusst immer auf Basis einer Art „Return on Investment"-Kalkulation. D. h., dass vor jeder Handlung immer der Nutzen in Relation zum investierten Einsatz gesetzt und so ermittelt wird, ob es für das Individuum Sinn macht, das entsprechende Verhalten zu zeigen. Unternehmen machen sich diesen nicht vermeidbaren Prozess in der Art zunutze, dass gewolltes Verhalten entweder durch positive Anreize gefördert oder ungewolltes Verhalten durch entsprechende Sanktionen unterbunden werden soll. Der Aufbau entsprechender Lohn- und Anreizsysteme ist deshalb die initiale Aktivität der letzten EPM-Phase.

Im zweiten Teilprozess der dritten EPM-Phase wird der Tatsache Rechnung getragen, dass sich die Arbeitswelt insbesondere für die Führungskräfte stetig intensiviert. Während der normale Mitarbeiter im Rahmen des Change Management schon seit vielen Jahren berücksichtigt und durch entsprechende Programme aktiv unterstützt wird (bzw. unterstützt werden könnte), bleiben die Führungskräfte bislang faktisch außen vor.

Gerade von hoch bezahlten Managern wird erwartet, dass sie ihre Aufgabe jederzeit zu 100 % erfüllen und an keiner Stelle und zu keiner Zeit Schwächen zeigen. Aktuelle Studien zur Effektivität von unternehmerischen Transformationsprozessen wie bspw. Unternehmenszusammenschlüssen oder umfangreichen Restrukturierungen legen hingegen den Schluss nahe, dass klar definierte Veränderungsstrategien, effektive Projektorganisationen oder klare und offene Kommunikation zwar unerlässliche Elemente in derartigen Prozessen sind, dass mit fortschreitender Prozessdauer jedoch die leitenden Führungskräfte zum größten Leistungsrisiko werden. Irgendwann ist auch die energiereichste Batterie nicht mehr ausreichend stark, um gegen alle internen Wiederstände anzugehen, um negative Emotionen von Mitarbeitenden aufzufangen und der Belegschaft das Rollenbild vorzuleben, dass angestrebt wird. Dauerhaft und ununterbrochen 100 % zu liefern ist ohne professionelle Leistungsstrategien nicht möglich.

EPM bietet gezielte Strategien zur Steigerung der individuellen Leistungen

Der abschließende Teilprozess der Phase drei des EPM-Zyklus, das Executiver Performance Management, konzentriert sich genau auf diese Problemstellung. Es geht um die nachhaltige **Leistungssteigerung der Führungskraft** als Individuum. Während bspw. im Hochleistungssport alle Spitzenathleten ganz selbstverständlich nicht nur an ihrer Technik feilen (= Fachkompetenz), sondern von Ernährung über Regeneration bis hin zum mentalen Coaching alle Bereiche professionell bearbeiten und optimieren, fehlt diese Einstellung in der Geschäftswelt noch immer. Die Analogie fortführend, kann zwar ein breites und vielfältiges Angebot im Bereich des Breitensports (= Betriebliches Gesundheitswesen oder Change-Management-Programme) festgestellt werden, dedizierte Angebote für den Hochleistungssport „Topmanagement" gibt es jedoch bislang (fast) noch nicht.

3 EPM-Grundlagen

Der EPM-Zyklus basiert, wie schon eingeführt wurde, auf einem Fundament an Voraussetzungen. Die wichtigsten Grundlagen repräsentieren dabei eine auf Leistungssteigerung und -erhalt ausgerichtete Unternehmenskultur, ein geschäftsorientiertes Risikomanagement und die technologische Basis, auf der die Unternehmensführung aufbauen kann.

3.1 Performance Culture

Ein wie das Executive Performance Management oft unterschätzter Einflussfaktor auf die Unternehmensleistung ist die Unternehmenskultur. Im dem Kulturverständnis des „the way we do things around here" repräsentiert die Kultur das unsichtbare Band, dass alle Handlungen und Entscheidungen miteinander verbindet. Die beobachteten Verhaltensweisen und Entscheidungen geben den Mitarbeitenden Orientierung, Vertrauen und Stabilität und erlauben im Effekt ein entsprechendes Maß an Selbstorganisation.

Daraus ergeben sich zwei wichtige Konsequenzen. Weil sich eine Unternehmenskultur letztlich auf Basis von Beobachtungen aufbaut, kann diese zum einen nicht top-down diktiert, sondern nur vorgelebt werden. Gerade die Führungskräfte sind deshalb in der Pflicht, gewolltes Verhalten nicht nur zu fordern, sondern selbst das Verhalten zu zeigen, dass sie vom Rest der Organisation erwarten. Zum anderen wird deutlich, dass eine effektive bzw. auch eine nicht effektive Unternehmenskultur nahezu unmittelbar auf die Leistungsfähigkeit der Organisation durchschlägt. Gerade in tiefgreifenden Transformationsprozessen materialisiert sich das entweder in kürzeren und erfolgreichen individuellen Anpassungsprozessen an die neuen Gegebenheiten oder aber in Veränderungsresistenz, hoher Mitarbeiterfluktuation und nicht erreichten Projektzielen.

Unternehmenskultur hat einen direkten Einfluss auf das Leistungspotenzial eines Unternehmens

3.2 Risikomanagement

Integriertes Risiko-
management reduziert nicht, sondern steigert Leistungspotenzial von Unternehmen

EPM und Risikomanagement werden in vielen Unternehmen – wenn überhaupt – noch immer als parallele Prozesse betrieben. Insbesondere die Verbindung zwischen dem strategischen Performance Management und dem operativen Risikomanagement fehlt in den meisten Unternehmen völlig. Dies ist für eine kontinuierliche Leistungssteigerung jedoch unumgänglich, weil Wachstum, Profitabilität und Risiken simultan und kontinuierlich zu berücksichtigende Faktoren im Prozess der auf Leistungssteigerung ausgerichteten Unternehmensführung sind.

Werden diese Faktoren nicht methodisch integrativ verbunden, werden vorhandene Leistungspotenziale nicht vollständig erkannt oder nur unter Inkaufnahme zu großer Risiken erschlossen. Im günstigsten Fall bleibt vorhandenes Leistungspotenzial unausgeschöpft, im schlimmsten Fall schlagen die ungemanagten Risiken voll durch und verursachen geschäftsgefährdende Effekte. In jedem Fall aber wird das Risikomanagement aufgrund seiner rein administrativen Orientierung als Bremsklotz für die Unternehmensführung empfunden und ein nutzbringender Umgang mit Risiken wird nicht möglich. Die Auseinandersetzung mit Risiken wird dann nicht als Möglichkeit zur Leistungssteigerung gesehen, sondern fälschlicherweise als potenzielles Hindernis für den unternehmerischen Erfolg.

3.3 Tools und Technologien

Jede Phase des EPM-Zyklus kann durch spezifische Tools unterstützt werden

Auch wenn das Thema EPM in erster Linie eine fachliche Herausforderung darstellt und erst viel später Fragen nach der geeigneten IT-seitigen Unterstützung in den Vordergrund rücken, ist offensichtlich, dass eine geeignete IT-seitige Unterstützung eine effiziente Ausführung der einzelnen Phasen und Teilprozesse des EPM-Zyklus unterstützt.

Vor allem im Zusammenhang mit der Informationsversorgung der Unternehmensführung zeigt sich, dass die heute zu verarbeitenden Datenmengen eine manuelle Prozessdurchführung und Datenhaltung faktisch ausschließt. Selbiges gilt für die Anforderungen im Zusammenhang mit der Planung und Budgetierung, der Konsolidierung, aber auch mehr und mehr im Bereich des Executive Performance Management. Zudem werden in fast allen Industrien immer strengere gesetzliche Anforderungen an die Art und Weise der Datenhaltung gestellt, die eine effektive IT-technische Unterstützung faktisch unumgänglich machen. Wenn Banken bspw. sicherstellen wollen, dass bestimmte personen- oder kontenbezogene Daten nur einem bestimmten Personenkreis zugänglich sind oder dass trotz cloudbasierter Services kritische Daten die Landesgrenzen nicht verlassen, lässt sich dies nur mittels entsprechender

IT-Systeme realisieren. Im Hinblick auch auf die unzähligen Entwicklungen, die sich hinter Modebegriffen wie „Big Data", „Digital Transformation" oder „Web 2.0" verbergen, wird deutlich, dass eine leistungsorientierte Unternehmensführung heute eine entsprechende informationstechnologische Infrastruktur erfordert.

4 Zusammenfassung

Die Umsetzung der vorgestellten Phasen mit ihren jeweiligen Teilprozessen und spezifischen Verfahren des EPM führt zu einer dauerhaft ansteigenden Leistungsfähigkeit von Organisationen. Diese Leistungssteigerung lässt sich sowohl auf der Stufe des Gesamtsystems, d.h. der Unternehmung als Ganzes, als auch auf der individuellen Stufe der Führungskräfte und Mitarbeiter feststellen. Je nach Zielsetzung kann die Leistungssteigerung entweder zur Steigerung des Outputs, z.B. einer Umsatzsteigerung, eingesetzt werden. Oder zur effizienteren Erreichung eines definierten Zielwerts, bspw. im Sinne der Gesamtprofitabilität.

Effekte des EPM können sowohl zur Effektivitäts- als auch zur Effizienz- steigerung genutzt werden

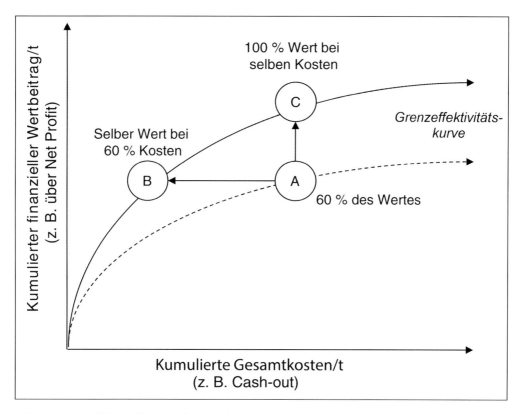

Abb. 2: Gesamteffekt auf die Grenzleistungskurve

Dieser Effekt lässt sich abstrahiert als eine Verschiebung der Grenzeffektität visualisieren. Im ersten Fall verschiebt sich die Positionierung von der Ausgangssituation (A) zu einem höheren Wertbeitrag (C). Werden die Ressourcen nicht direkt reinvestiert, wird Position B realisiert, d.h., dass derselbe Output mit weniger Input erreicht werden kann.

Erfahrungsgemäß zeigen sich die positiven Effekte des EPM aber nicht nur in den direkten, quantifizierbaren Größen. Eine stärkere Konzentration auf die relevanten Leistungsfaktoren führt immer auch zu einer spürbaren Veränderung des Betriebsklimas und setzt so einen positiven Kreislauf ingang, der eine weitere Leistungszunahme in zukünftigen Perioden provoziert.

5   Literaturhinweise

Morgan/Levitt/Malek, Executing your strategy: how to break it down and get it done, Boston 2008.

PwC, Corporate Performance Management. Wie effektiv ist ihre Unternehmenssteuerung, PricewaterhouseCoopers AG, 2009.

PwC, Mit weniger mehr erreichen! Studie zum Stand des Projekt-Portfolio-Managements in der IT, PricewaterhouseCoopers AG, 2009.

PwC, Strategisches Performance Management; www.pwc.ch/cpm, Stand: 1.1.2011, Abrufdatum: 30.4.2015.

PwC, Strategy Transformation Management; www.pwc.ch/stm, Stand: 1.1.2010, Abrufdatum 30.4.2015.

Siebelink, Apt Metrics, Astute Measures. A Strategic Approach to Performance Management, 2009.

Stephan, Das Management der Strategieimplementierung, in Gerberich (Hrsg.), Praxishandbuch Controlling – Trends, Konzepte, Instrumente, 2005, S. 369-388.

Stephan, Strategietransformation, 2014.

Stephan, SWOT-Analyse: Controlling-Instrument zur Identifikation strategischer Handlungsoptionen, in Gleich/Klein (Hrsg), Strategische Controlling-Instrumente, Der Controlling-Berater, 2010, Nr. 8, S. 81-100.

Stephan/Keuper, Strategy Transformation Management: ein effektivitätsorientierter Ansatz von PricewaterhouseCoopers AG, in Keuper/Schomann/Horn (Hrsg.), Modernes Versicherungs- und Finanzmanagement, 2010. S. 111-145.

Stephan/Kunz-Brenner, Strategien effektiv umsetzen, in PwC (Hrsg.), 3 Minuten für Ihr Unternehmen, 2010, https://www.pwc.ch/user_content/editor/files/publ_adv/pwc_3minuten_25_apr_d.pdf, Abrufdatum: 2.6.2015.

Kapitel 3: Strategy to Plan

■ Der Autor

Dr. Mario Stephan, Direktor des Bereichs Enterprise Performance Management bei PwC in Zürich und Leiter des Studiengangs Corporate Strategy an der Steinbeis-Hochschule, Berlin.

Wer nicht weiß wo er hin will, ist selbst daran schuld wenn er dort ankommt. Oder wer den Hafen nicht kennt in den er segeln möchte, für den ist kein Wind der richtige. Oder seit wir das Ziel aus den Augen verloren haben, haben wir unsere Anstrengungen verdoppelt. Egal ob Charlie Chaplin, Seneca oder Marc Twain, alle adressieren denselben Sachverhalt: Wir brauchen ein Ziel auf das wir zusteuern können.

Die Effektivität von Zielen wurde mittlerweile in unzähligen Studien bestätigt und jeder Absolvent einer bekannten Business School verlässt diese nicht ohne einen Zettel mit den Zielen und Etappen, die im Anschluss an die Schulausbildung erreicht werden wollen. Selbiges gilt für Unternehmen. Mehrjahresplanung, Mittelfristplanung, operative Planung, Planung der Kosten und der Ressourcen usw. Jedes Unternehmen investiert in großem UmfangZeit und Energie in die Dokumentation dessen, was im betrachteten Zeitraum realisiert werden soll.

Gerade bei Unternehmen wird jedoch ein kritischer Sachverhalt verkannt: Ziele entfalen ihre volle Wirkung immer nur dann, wenn sie auf den jeweiligen Betrachter eine ausreichend anziehende Wirkung haben. Weil der Absolvent sich ganz automatisch nur solche Ziele setzt, die für ihn erstrebenswert sind, entfalten diese auf ihn eine anziehende Wirkung. Für den Studenten macht es nach seiner eigenen Logik Sinn, sich für diese Ziele anzustrengen und aktuell gewisse Entbehrungen in Kauf zunehmen, weil er sich damit und in naher Zukunft eine bessere Position oder Ausgangslage für die weitere Zukunft verspricht. Ziele, die keine Verbesserung einer zukünftigen Position versprechen und dafür sogar Energie, Motivation oder sonst einen Einsatz kosten, machen dementsprechend für den Studenten keinen Sinn und führen konsequenterweise auch zu keinerlei Handlung in diese Richtung. Und damit stößt man auf des Pudels Kern jeder Form der Steuerung von sozialen Einheiten: Ohne ausreichende „Sinnladung" wirken Ziele nicht anziehend. Sie bleiben lediglich das, was sie laut Definition darstellen: definierte zukünftige Zustände.

Dieser Sachverhalt, der in der wissenschaftlichen Diskussion unter der Überschrift „Sinnmanagement" geführt wird, hat signifikante Konsequenzen für Organisationen i. A. und für den Aspekt der strategischen Steuerung von Organisationen i. B. Denn das reine Vorgeben von Zielen, im schlechtesten Fall sogar nur die Vorgabe von finanziellen Zielen, motiviert niemanden, mehr als minimal erforderlich zu deren Erreichung beizutragen. Wenn Mitarbeiter nicht verstehen warum bestimmte Ziele erreicht werden sollen oder wenn nicht erkannt wird, wieso die Zielerreichung in einem Bereich sehr wichtig für die Zielerreichung in anderen Bereichen ist, dann bleiben diese Vorgaben zwar immer noch gewisse Orientierungsgrößen.Sie werden aber nicht das bewirken, worauf das EPM abzielt, d. h. die Mitarbeiter werden keine gesteigerte Leistung an den Tag legen und sich spürbar für deren Realisierung einsetzen. Der wichtigste Treiber der Unternehmensleistung bleibt damit unausgeschöpft. Die Mitarbeiter werden nicht ihr Bestes geben und sie werden ihre eigenen individuellen Ressouren wie z.B. ihre Motivation und Kreativität nicht in dem Maße einsetzen, wie sie es könnten. Im Effekt produzieren sie keine „high performance" sondern allenfalls „average performance".

In den beiden Beiträgen dieses Kapitels zeigen die Autoren nicht nur, wie es in ihren jeweiligen Unternehmen gelungen ist, die Strategie ihres Unternehmens in Form sinnvoller Ziele zu übersetzen. Sie zeigen vor allem auch, wie es gelingen kann, in den nachfolgenden Prozessen wie z. B. der Budgetierung sicherzustellen, dass die strategischen Vorgaben in ihrer Sinnhaftigkeit auch dort Niederschlag finden.

Strategietransformation: Entscheidende Projektphase zwischen Strategieformulierung und -umsetzung

- Die Strategietransformation adressiert den wichtigsten Teilprozess innerhalb des Strategischen Performance Management.

- Ein zentraler Erfolgsfaktor für Strategietransformationsprozesse ist die Fokussierung auf die bestmögliche Kopplung zwischen den strategischen Zielen und dem Projektportfolio

- Dazu ist eine „Zum Wohle des Ganzen"-Grundhaltung einzunehmen, die Partialoptimierung in einzelnen Bereichen auf Kosten anderer Bereiche zu vermeiden versucht.

- Der Beitrag zeigt am Beispiel des Inselspitals (Bern), wie die interne Abstimmung und Kommunikation einer neuen Strategie in einer Expertenorganisation erfolgreich durchgeführt werden kann.

■ Die Autoren

Dr. Markus Meier, Leiter des Strategischen Managements am Inselspital in Bern. Er ist ausgebildeter Gesundheitsökonom und doziert an verschiedenen Universitäten der Schweiz.

Dr. Mario Stephan, Direktor des Bereichs Enterprise Performance Management bei PwC in Zürich und Leiter des Studiengangs Corporate Strategy an der Steinbeis-Hochschule, Berlin.

1 Grundlagen und Begriffsabgrenzung

1.1 Grundlagen des Strategischen Performance Management

Produktionsfaktoren sollten bei der Leistungserstellung so kombiniert werden, dass bezüglich der Unternehmensziele bestimmte Sach- (was), Mengen- (wie viel) und Effizienzziele (wie gut) erreicht werden. Zur Steigerung der Produktionsleistung stehen Unternehmen deshalb grundsätzlich zwei Hebel zur Verfügung. Einerseits haben Unternehmen die Möglichkeit Modifikationen an dem was sie tun vorzunehmen (=Effektivität) oder andererseits die Art und Weise wie sie Dinge tun anzupassen (=Effizienz). Die beiden Hebel lassen sich auch auf den Prozess der Unternehmensführung und insbesondere den Aspekt der erfolgreichen Umsetzung bzw. der Implementierung von Strategien anwenden. Der Fokus der Strategieumsetzung kann entweder auf dem „wie" oder auf dem „was" liegen.

Zwei Hebel der Leistungssteigerung: Was man tut und wie man es tut

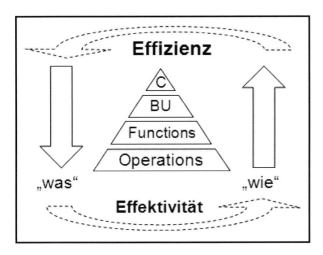

Abb. 1: Down-up-Prozess der Strategieumsetzung[1]

In Theorie und Praxis ist auch im Bereich des klassischen Enterprise Performance Management (EPM) eine faktische Schwerpunktsetzung auf die effizienzorientierten Aspekte festzustellen. Diverse publizierte Studien proklamieren, dass der wirtschaftliche Erfolg einer Strategie nur zu 10–20 % von der Strategieformulierung, aber zu 80–90 % von der Strategieimplementierung, also dem „Wie" der Strategieumsetzung abhängt.[2]

Lt. Schrifttum scheitern Strategien in der Implementierung

---

[1] Vgl. PwC, 2010.
[2] Vgl. Ansoff, 1982, S. 75; Neubauer, 1985, S. 407; Charan/Golwin, 1999, S. 69; Cobbold/Lawrie, 2001, S. 1 und Morgan/Levitt/Malek, 2008, S. 1.

Das „Wie" einer Strategieumsetzung realisiert somit gegenüber dem „Was" den Großteil der angestrebten Wirkung. Die daraus abgeleitete, schematische Leistungskurve des Umsetzungsprozesses zeigt in der Folge einen konvexen Verlauf mit ansteigendem Grenznutzen.

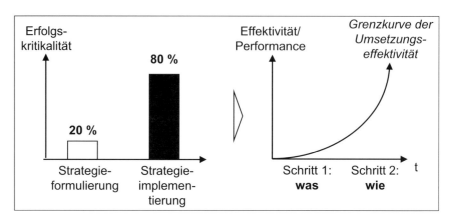

Abb. 2: Unterstellter Verlauf der Grenzleistungskurve (idealisiert)

Die Strategieimplementierung übernimmt eine Schlüsselfunktion, da sie die Konkretisierung der strategischen Ziele sowie die Umsetzung und Durchsetzung strategischer Pläne in entsprechende operative Maßnahmen umfasst. D.h. die strategischen Ziele werden in operative Maßnahmen transformiert. Dabei werden Zielgrößen vorgegeben, die unter Anwendung von Kennzahlen monetär messbar gemacht werden. Neben der sachlichen Zerlegung der Strategie in Einzelmaßnahmen beschäftigt sich die Strategieimplementierung mit organisatorischen Grundlagen, sowie dem Schaffen von Akzeptanz für die entwickelten Strategien.

Strategieumsetzung scheitert nicht an schlechtem Projektmanagement

Bei der Umsetzung der strategischen Ziele eines Unternehmens ergeben sich eine Reihe von Projektideen und Projekten, die zum Erreichen der Ziele erforderlich sind. Dieser Argumentationslogik folgend und die Tatsache berücksichtigend, dass sich Strategien prinzipiell über Projekte realisieren, wird der Ausführung von Projekten das Hauptaugenmerk geschenkt und darin die Quelle des Erfolgs in der erfolgreichen Strategieumsetzung („Execution") gesehen. Im Umkehrschluss, also im Fall einer nicht erfolgreichen Strategieimplementierung, müsste sich ein Misserfolg dann konsequenterweise in einer großen Anzahl nicht erfolgreich ausgeführter Projekte des Unternehmensprojektportfolios zeigen.

Dieses Phänomen lässt sich jedoch in der Realität nicht beobachten. Erfahrungsgemäß sind die meisten Unternehmen in der Professionalisierung ihres Projektmanagements so weit fortgeschritten, dass Projekte nach ausreichend inhaltlicher Präzisierung und nach dem ihnen zugrunde gelegten Erfolgsmaßstab „erfolgreich" ausgeführt werden können.[3] Die Ausführung eines üblichen, das heißt nicht schon von Beginn an offensichtlich zum Scheitern verursachten Projekts stellt in den meisten Situationen und Unternehmen faktisch kein unüberwindbares Problem dar. Doch wenn es gemäß der veröffentlichten Literatur nicht die inhaltliche Qualität einer Strategie ist, die deren Erfolg maßgeblich bestimmt, und in der Praxis nicht die operative Umsetzung der Projekte, wo liegt dann die Quelle des Erfolgs; wo bestimmt sich die realisierte Effektivität und damit das Leistungspotenzial einer Strategie?

1.2 Strategietransformation als kritischer Zwischenprozess

Die Antwort auf diese Frage wurde lange Zeit in den Konzepten und Methoden des Performance Measurement, also in der Optimierung der eingesetzten Messmethoden gesehen.[4] „What gets measured gets done"[5] lautet eines der bekanntesten Zitate. Wie heute jedoch offensichtlich ist, konnten alle auf die „Performance-Messung" abzielenden Konzepte und Methoden bisher die Ergebnisse nicht erzielen, die von ihnen erwartet wurden. Der Weg über eine optimierte oder ausgewogene Messung – wie es bspw. die Balanced Scorecard ermöglicht – stellt demzufolge nicht das primäre erfolgskritische Element zur effektiven Strategieumsetzung und damit zur substanziellen Leistungssteigerung des Unternehmens dar.[6]

Vielmehr ist eine durchgängige Steuerung des zwischengeschalteten strategischen Transformationsprozesses, der sich an die Phase der Strategieformulierung anschließt und in die Phase der Strategieausführung („Strategy Execution") überführt, vonnöten. Es geht im Kern um die „Transformation der Strategie in einzelne steuerbare (strategische) Ziele, Kennzahlen und Maßnahmen."[7]

Verbesserte Messung kein Hebel zur Leistungssteigerung

---

[3] PwC, 2009b, S. 3ff. Es wird festgestellt, dass der Reifegrad des Projektmanagements i.d.R. ein akzeptiertes Satisfikationsniveau erreicht hat, dass die darauf aufbauenden Stufen wie das Multi- und schliesslich das Projekt-Portfolio-Management hingegen noch entwicklungsbedarf aufweisen.

[4] Vgl. Franco-Santos/Bourne, 2005, S. 114ff.

[5] Der auf Kaplan/Norton zurückgehende Ausspruch „What gets measured gets done" wird als bekanntester Slogan aller Performance-Measurement-Systeme bezeichnet, vgl. Behn, 2003, S. 568.

[6] Vgl. Stephan, 2005, 373ff. und Morgan/Levitt/Malek, 2008, S. 141ff. Bei Rekonstruktion der Entwicklungsgeschichte der „Balanced" Scorecard fällt denn auch auf, dass im originalen Konzept der „Balanced" Scorecard der erste Schritt nach der Festlegung der Unternehmensziele („Corporate Objectives") in der Ableitung von Maßnahmen lag und erst damit die Auswahl der Kennzahlen initiiert wurde; vgl. Schneiderman, 2001, S. 16ff. und Pandey, 2005, S. 52.

[7] PwC, 2009a, S. 7.

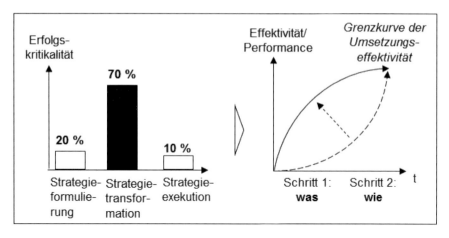

Abb. 3: Tatsächlicher Verlauf der Grenzleistungskurve (schematisch)

Moderne
Verfahren
fokussieren auf
Projekte und
nicht rein auf
Kennzahlen

Moderne Verfahren konzentrieren sich deshalb weniger isoliert auf die Optimierung der Kennzahlen, sondern darauf, dass die begrenzten, kritischen Unternehmensressourcen dort eingesetzt werden, wo sie den größten Beitrag zur Unternehmensentwicklung und damit zur erfolgreichen Realisierung der Strategie leisten (Allokation der Unternehmensressourcen).[8] Nicht mehr nur die Auswahl von Kennzahlen, sondern die Bestimmung von Projektkosten und -nutzen stellen die zentralen Diskussionspunkte in diesen Ansätzen dar.

Ein verbessertes Management Information System (MIS) vermag zwar zu einem gewissen Grad ebenfalls eine Leistungssteigerung unterstützen. Im Fokus der Strategietransformation steht jedoch das Projekt-Portfolio-Management, mit welchem das Projektportfolio nach strategischen Kriterien priorisiert wird.[9] Die Grenzleistungskurve des Umsetzungsprozesses hat einen konkaven Verlauf, was den Kern des Erfolgs wieder weg vom „Wie" und hin zum „Was" verschiebt, diesmal jedoch nicht auf die klassischen Phasen Strategie-Formulierung und Strategie-Implementierung bezogen,[10] sondern auf den strategischen Transformationsprozess als solchen.

---

[8] Vgl. Stephan, 2014, S. 1 ff.
[9] Vgl. Siebelink, 2009, S. 74 ff.
[10] Die bis heute in den meisten Lehrbüchern zitierte Phasentrennung wird in der angloamerikanischen Literatur auch als „Strategy Formulation-Implementation Dichotomy" bezeichnet; vgl. Cespedes/Piercy, 1996, S. 139.

2 SPM am Inselspital

2.1 Vorstellung Inselspital

Das Inselspital hat als Universitätsklinik sowohl im nationalen als auch im internationalen Gesundheitswesen eine bedeutende Stellung. Die Insel, wie sie umgangssprachlich bezeichnet wird, ist ein medizinisches Kompetenz-, Hochtechnologie- und Wissenszentrum mit internationaler Ausstrahlung für Wissenschaft und Forschung.

Das 1354 gegründete Inselspital ist in der Bevölkerung verwurzelt wie kaum ein anderes Unternehmen in der Region und mit einem Umsatz von jährlich mehr als 1.2 Mrd CHF (1,1 Mrd. EUR) ein bedeutender Wirtschaftsfaktor. Fast 8.000 Mitarbeitende leisten täglich ihr Bestes, damit jährlich rund 40`000 stationäre Patientinnen und Patienten bestmögliche Medizin und individuelle Pflege erfahren. Daneben finden rund 520.000 ambulante Konsultationen pro Jahr statt. Das Inselspital bietet hochspezialisierte, tertiärmedizinische Leistungen, inklusive Transplantationsmedizin, mit ausgeprägter Interdisziplinarität und hoher zwischenmenschlicher Betreuungsqualität.

Führende Schweizer Universitätsklinik mit internationaler Ausstrahlung

2.2 Ausgangslage und Problemstellung

Der Krankenhaus- und Gesundheitsmarkt ist geprägt von dynamischen medizinischen und regulatorischen Entwicklungen sowie anhaltendem Kostendruck. Der Regierungsrat des Kanton Bern hatte deshalb im November 2009 unter dem Titel „Stärkung Medizinalstandort Bern" (SMSB) den Zusammenschluss des universitären Inselspitals (ISB) und der Spital Netz Bern AG (SNBe) – bestehend aus sechs Spitälern der Grund- und erweiterten Grundversorgung – beschlossen.

Richtige Medizin zur richtigen Zeit am richtigen Ort...

Die Stärkung des Medizinalstandorts Bern ist ein spannendes und äußerst ehrgeiziges Vorhaben. Mit dem Zusammenschluss entsteht das größte Krankenhausunternehmen der Schweiz mit über 11`000 Mitarbeitenden und einem Umsatz von über 1.5 Mrd. CHF. Dieser Zusammenschluss soll nicht nur zu einer Steigerung der Wirschaftlichkeit und der Qualität der beteiligten Spitalbetriebe führen, sondern auch zu einer Stärkung der Position als Universitätsklinik im Bereich Dienstleistungserbringung sowie Lehre und Forschung beitragen. Es entstehen abgestufte Angebote, die mehr Effizienz und Qualität in die Gesundheitsversorgung der Region Bern bringen.

...dank abgestuften medizinischen Angeboten

Das neue Krankenhausunternehmen wird das gesamte Spektrum der Krankenhausversorgung abdecken – von der universitären Spitzenmedizin bis hin zur medizinischen Grundversorgung. Sowohl das ISB als auch das SNBe werden gegenseitig voneinander profitieren können. Das ISB kann Aufgaben delegieren, die nicht unbedingt universitäres Spitzenniveau erfordern. Die Land- und Stadtspitäler der SNBe können ihrerseits ein hohes Niveau halten, ohne selbst Spezialisten in allen Fachgebieten im Haus haben zu müssen. Insgesamt entstehen abgestufte Angebote, die den Bedürfnissen der Patientinnen und Patienten entsprechen. Um das Potenzial auszuschöpfen, werden die Patientinnen und Patienten jeweils dahin zugewiesen, wo sie die richtige Medizin zur richtigen Zeit am richtigen Ort erhalten. Eine solche medizinische abgestufte Versorgung ist zukunftsweisend und ressourcenschonend. Mit dem Zusammenschluss von ISB und SNBe kann sich das neu entstehende Krankenhausunternehmen optimal im nationalen und internationalen Gesundheitsmarkt positionieren.

2.3 Vorgehensübersicht

Der vollständige Realisierungsprozess der Strategie wurde in die klassischen Phasen des strategischen Wertschöpfungsprozesses unterteilt. Dieser besteht aus den Teilphasen der strategischen Analyse und Strategieformulierung, der Strategietransformation sowie der Umsetzung.

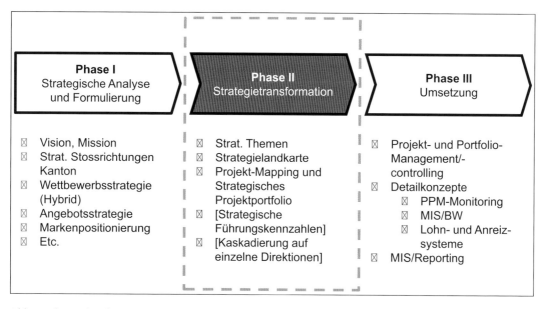

Abb. 4: Phaseneinteilung im Umsetzungsprozess

In der ersten Phase der strategischen Analyse und Strategieformulierung wurde die Gesamtunternehmensstrategie formuliert und wichtige Richtungsentscheide wie bspw. die Vision des Gesamtunternehmens oder die Angebotsstrategie wurden festgelegt. In der Phase der Strategietransformation wurden die Inhalte der Gesamtunternehmensstrategie zuerst in grundlegende strategische Themenbereiche heruntergebrochen und darauf aufbauend eine Strategielandkarte erstellt. Die Strategielandkarte visualisiert die Strategie des Unternehmens und stellt die kausal miteinander verbundenen strategischen Ziele in einem Ursache-Wirkungszusammenhang dar. In der abschließenden Phase der Umsetzung werden die operativen Unterstützungssysteme wie bspw. ein Projekt- und Portfoliomanagement oder Detailkonzepte wie bspw. Lohn- und Anreizsysteme realisiert.

Beginnend mit der Bestimmung der Langfristausrichtung wird der Fokus der nachfolgenden Abschnitte auf die Kernaktivitäten aus der Teilphase der Strategietransformation gelegt.

2.3.1 Bestimmung der Langfristausrichtung

Der große Vorteil von Expertenorganisationen ist die hohe Bereitschaft zur Befolgung eines strukturierten Vorgehens. Der Nachteil liegt in der Tatsache begründet, dass jeder Experte eine feste Überzeugung über die Richtigkeit und Relevanz der eigenen Ansicht in die Diskussion einbringt. Der Diskussion über die zukünftige Langfristausrichtung wurde deshalb bewusst ausreichend Zeit eingeräumt. Alle Mitglieder der Geschäftsleitung (GL) waren aufgerufen, ihre Vision für das neue Gesamtunternehmen zu formulieren und auch ihre individuelle Interpretation des Leistungsauftrags (Mission) zu umschreiben. In Workshops wurden diese individuellen Vorstellungen gegenseitig abgestimmt und gemeinsam ein Zukunftsbild skizziert, das über reine Marketingslogans hinausreicht und bei jeder/m Beteiligten die Motivation zur Realisierung weckt.

Abstimmung der Langfristausrichtung in Expertenorganisationen ist anspruchsvoll

Vision

Wir werden das national führende Universitätsspital und der bevorzugte Anbieter der integrierten medizinischen Versorgung in der Region Bern.

Das Gesamtunternehmen unterstützt qualitativ hochstehende Behandlung von Patienten durch wegweisende Forschung und Bildung.

Mission

„Wir Sorgen für Gesundheit – seit Jahrhunderten"

Wir sorgen für Gesundheit, indem wir

1 in jedem Lebensabschnitt, bei allen Krankheiten und unabhängig vom sozialen Status, am richtigen Ort die optimale Medizin anbieten.

2 Grundversorgung und universitäre Versorgung integriert anbieten.

3 Forschungsergebnisse ans Krankenbett bringen.

4 Ärzte und Pflegende ausbilden. So tragen wir wesentlich zur Gesundheitsversorgung bei.

5 einen Beitrag zum Erfolg unserer Kooperationspartner leisten.

Werte

Wir werden von folgenden Werten geleitet:

1 Kooperationsfähig

2 Wertschätzend

3 Ehrgeizig

4 Rücksichtsvoll

5 Verantwortungsbewusst

Abb. 5: Vision, Mission und Leitwerte

Der Zusammenschluss der beiden Krankenhausunternehmen führte zu einem umfangreichen Veränderungsprozess, der einen intensiven Diskurs über Leitwerte und deren Relevanz zwischen den Beteiligten erforderte. Wie schon erwähnt, deckt das Angebotsportfolio des neu entstehenden Spitalunternehmens alle Versorgungsstufen von der komplexen, universitären Spitzenmedizin bis hin zur weniger komplexen medizinischen Grundversorgung ab. Die Visionen, Missionen und Werte der an der Fusion beteiligten Spitalbetriebe mussten deshalb komplett neu erstellt werden. Im Ergebnis wurden die in Abbildung 5 aufgeführten Werte definiert.

2.3.2 Erstellung der Strategielandkarte

Wie eingangs hervorgehoben, stellt die Strategielandkarte ein zentrales Instrument moderner Verfahren des strategischen Managements dar. Wie Abb. 6 zeigt, wurde auch im vorliegenden Projekt die Strategielandkarte als zentrales Detailinstrument positioniert. Die Abbildung verdeutlicht daneben, dass die typischerweise mit Strategielandkarten in Verbindung gebrachte Diskussion zu Führungskennzahlen (KPIs) explizit nicht an die Strategielandkarte sondern an die Organisation gebunden ist. Der Weg des „Translating Strategy into Action" führt deshalb primär über das Projektportfolio. Die Führungskennzahlen dienen anschließend zur Messbarmachung der erzielten Effekte im laufenden Betrieb.

Führungskennzahlen werden bewusst nicht mit Strategielandkarte in Verbindung gebracht

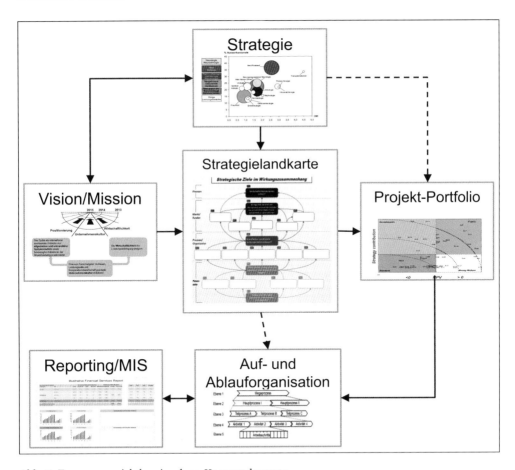

Abb. 6: Zusammenspiel der einzelnen Konzeptelemente

In den in jedem Workshop vorgängig verteilten Unterlagen wurde die Strategielandkarte als erfolgskritisch angekündigt:

„Die Strategielandkarte für das Gesamtunternehmen SMSB bringt die einzelnen strategischen Ziele in einen Gesamtzusammenhang. Die einzelnen strategischen Ziele sind über sachlogische Ursache-Wirkungsbeziehungen verknüpft und zeigen, wie die Gesamtunternehmensstrategie durch die Realisierung der einzelnen Ziele umgesetzt wird. Die strategischen Ziele dienen (…) als Ansatzpunkt zur Ableitung konkreter Maßnahmen bzw. Maßnahmenprogramme."

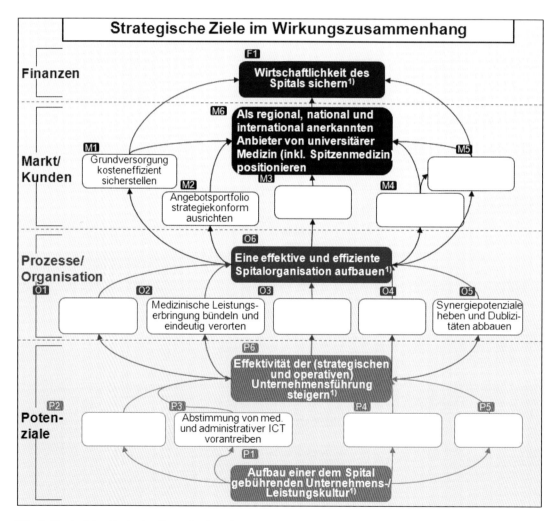

Abb. 7: Strategielandkarte des Gesamtunternehmens

Ausgehend von der Realisierung des Primärziels, d.h. der Sicherstellung der Wirtschaftlichkeit des Gesamtunternehmens wurden für jede Perspektive die relevantesten Entwicklungsziele herausgearbeitet. Weil die Strategie des Gesamtunternehmens im Wesentlichen auf der Realisierung der strategischen Ziele des Hauptwirkungspfades, der mittig in der Strategielandkarte eingezeichnet ist (farbig hinterlegte Ziele) basiert, wurden diese gleichzeitig als verpflichtende Muss-Ziele für die weitere Umsetzung in den Direktionen, Divisionen, Departementen und Kliniken definiert („Kaskadierung"). Jedes der genannten Hauptziele pro Perspektive wurde in der Strategielandkarte durch weitere Detailziele konkretisiert und erlaubt somit eine präzise Ableitung von strategischen Projekten in den nachfolgenden Prozessschritten. So präzisiert sich das Oberziel, sich als anerkannter Anbieter zu positionieren, in die Teilziele, die Grundversorgung kosteneffizient sicherzustellen und das Angebotsportfolio strategiekonform auszurichten.

In verbalisierter Form liest sich die resultierende Strategielandkarte im Hauptwirkungspfad wie folgt:

„Auf Basis einer dem Gesamtunternehmen gebührenden, d.h. einer auf Forschergeist, Vertrauen, Leistungswille und Kooperationsbereitschaft geprägten Unternehmenskultur, sowie auf der Grundlage von auf die strategische Stoßrichtung ausgerichteten Führungssystemen wird eine effektive Aufbau- und Ablauforganisation realisiert. Dadurch gelingt es, das Gesamtunternehmen mit einem abgestuften Versorgungsmodell als qualitätsführenden, regional, national und international anerkannten Anbieter von Grundversorgung und universitärer Spitzenmedizin zu positionieren und so die Wirtschaftlichkeit des Spitalbetriebs zu sichern."

2.3.3 Projektmapping der strategischen Projekte

Ein Ziel des Strategietransformationsverfahrens war die Zuteilung der begrenzten Unternehmensressourcen auf diejenigen Projekte, die den größten Beitrag zur Unternehmensentwicklung und damit zur Umsetzung der Strategie des Gesamtunternehmens leisten. Mit dem Projektmapping-Verfahren wurde der Einfluss aller Umsetzungsprojekte auf die strategischen Ziele analysiert.

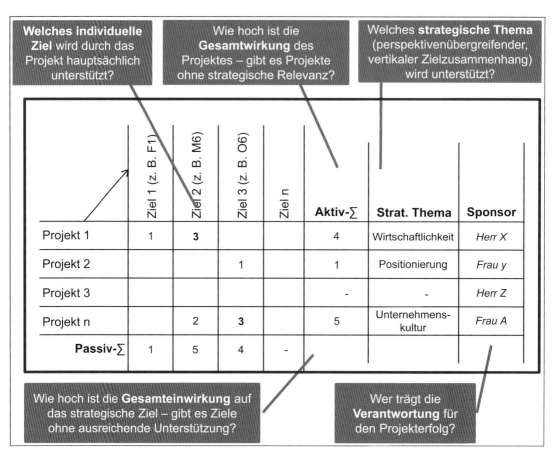

Abb. 8: Konzeptstruktur Projektmapping

Mit der Anwendung des Projektmappings wurden folgende Ziele verfolgt:

- Identifikation von Projekten, die für das Gesamtunternehmen strategierelevant sind und in der Folge über zentrale Budgets finanziert werden sollen.
- Schaffung von Transparenz darüber, welche strategischen Ziele überproportional oder im Rahmen von schon laufenden Projekten nicht ausreichend unterstützt werden.

Zentrale Zwischenergebnisse finden sich in der Anwendung der Methode in den als Aktiv- bzw. Passivsumme bezeichneten Zellen. Während die Aktivsumme die Gesamteinwirkung eines Projektes auf die strategischen Ziele indiziert und damit auch erwünschte Nebeneffekte einschließt, zeigt die Passivsumme wie stark jedes einzelne strategische Ziel von den in Diskussion stehenden Projekten beeinflusst wird. Projekte mit einer hohen/niedrigen Aktivsumme repräsentieren wirkungsstarke/-schwache Projekte. Ziele mit einer hohen Passivsumme zeigen den hohen Grad der Abhängigkeit von Projekten bzw. im Falle eines geringen Wertes den nur geringen Einfluss der Projekte auf das entsprechende Ziel. Hat ein strategisches Ziel die Passivsumme null, heißt das, dass dieses Ziel aktuell durch kein sich im Portfolio befindendes Projekt direkt unterstützt wird.

Das Ergebnis dieses in mehreren Workshops angewandten Verfahrens war eine Liste von 32 strategischen Projekten, die sich in der Summe für die Realisierung der in der Strategielandkarte definierten strategischen Ziele eignen.

3 Ergebnisse

Die Anwendung des Strategietransformationsverfahrens generierte alle antizipierten Ergebnisse. Insbesondere die Kopplung zwischen der langfristigen Ausrichtung i. S. einer gemeinsam geteilten Vision zu den mittelfristigen strategischen Zielen sowie dem aktuellen Portfolio an strategischen Projekten ist erfolgreich gelungen.

Neben diesen „handfesten" Ergebnissen realisierten sich jedoch auch „weichere" Ziele, die eher im kulturellen Kontext liegen. So hat die strukturierte und methodisch geleitete Vorgehensweise die typischerweise in Non-for-Profit-Organisationen vorherrschende Kontroverse zwischen dem (medizinischen) Kerngeschäft auf der einen und der finanziellen Führung auf der anderen Seite auf ein Minimum reduziert. Rückblickend ist der Leitspruch der Gesamtunternehmensstrategie „Zum Wohle des Ganzen" auch innerhalb der Strategietransformation effektiv fortgeführt und im täglichen Handeln verankert worden. Partialoptimierungen innerhalb einzelner Direktionen, Departementen und Kliniken wurden zugunsten der Umsetzung der strategischen Zielvorgaben auf produktive Ausmaße beschränkt, was die Reife sowohl des Vorgehens, als auch aller beteiligten Führungskräfte symbolisiert.

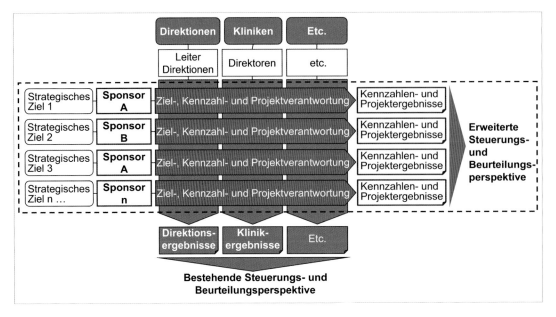

Abb. 9: Erweiterte Steuerungsperspektive

Abb. 9 zeigt den Zusammenhang der neuen Steuerungsperspektive. Die klassische Linienführung ist als vertikale Struktur dargestellt. Innerhalb einer Direktion und unter der Leitung des Direktionsvorsitzenden werden die jeweiligen Linien-/Direktionsergebnisse generiert. Die Strategieumsetzung erfolgt indes über die Direktions- und Klinikstrukturen hinweg. Entsprechend ist für jedes strategische Ziel ein Verantwortlicher (Sponsor) festgelegt, der in dieser erweiterten Steuerungsperspektive die strategischen Projekte vorantreibt und über bestimmte Kennzahlen die Zielerreichung misst.

4 Ausblick und Lessons Learned

Der an die Phase der Strategietransformation anschließende Umsetzungsprozess ist noch in vollem Gange. Kernaktivitäten wie die Ableitung von Funktionalstrategien wurden wie im Fall der Definition einer ICT-Strategie (Information, Communication, Technologies) teilweise schon realisiert. Andere Aspekte wie bspw. der Aufbau eines entsprechenden Projekt-Portfolio-Managements oder die Anpassung des Anreiz- und Entlohnungssystems sind noch am Laufen.

Auch wenn noch nicht alle Arbeiten abgeschlossen sind, lassen sich rückblickend schon einige Lessons Learned festhalten. Diese können für andere Unternehmen hilfreich sein, die ebenfalls in einem Unternehmenszusammenschluss- respektive Strategietransformationsprozess stehen.

- Je kritischer und sensibler die zu diskutierenden Inhalte, desto relevanter wird die Anwendung eines strukturierten Verfahrens. Dadurch, dass jeder Prozessschritt verfahrensseitig erforderlich war, kam es nur selten zu zweckfremden Diskussionen.
- Der Leitspruch „Zum Wohle des Ganzen" war ein ständiger Aufruf an alle GL-Mitglieder, sich nicht als Interessenvertreter des eigenen Bereichs zu verstehen, sondern als Teil der übergeordneten Steuerungsinstanz mit gewissen Informationsvorsprüngen. Mögliche Konflikte zur Verteidigung von Partikularinteressen wurden so auf ein Minimum reduziert.
- Führungskennzahlen sind wichtig, aber in Phasen der Strategietransformation nicht ausreichend. Mindestens dasselbe Ausmaß an Aufmerksamkeit und Zeit sollte der Diskussion über die zur Zielerreichung vorgesehenen Projekte gewidmet werden.

5   Literaturhinweise

Ansoff, Methoden zur Verwirklichung strategischer Änderungen, in: Jacob, (Hrsg.), Strategisches Management, 1982, S. 69–87.

Charan/Golwin, Why CEOs Fail, in: Fortune Magazine, 1999, Nr. 6, S. 69–74.

Chase, Strength and Weaknesses, in: Management, 2006, Nr. 11, S. 37–42.

Franco-Santos/Bourne, An Examination of the Literature Relating to Issues Affecting How Companies Manage Through Measures, in: Production Planning and Control, 2005, Nr. 2, S. 114–124.

Morgan/Levitt/Malek, Executing your strategy: how to break it down and get it done, 2008.

PwC, Corporate Performance Management. Wie effektiv ist ihre Unternehmenssteuerung, PriewaterhouseCoopers AG, 2009a.

PwC, Mit weniger mehr erreichen! Studie zum Stand des Projekt-Portfolio-Managements in der IT, PricewaterhouseCoopers AG, 2009b.

PwC, Strategy Transformation Management, online: www.pwc.ch/stm, Stand: 1.1.2011, Abrufdatum: 30.4.2015.

PwC, Strategisches Performance Management, online: www.pwc.ch/cpm, Stand: 1.1.2011, Abrudatum: 30.4.2015.

Schmitz, Warum die Balanced Scorecard scheitert, in: CIO, online: http://www. cio.de/strategien/projekte/879323/, Stand: o. A., Abrufdatum: 1.5.2009.

Schneiderman, Why Balanced Scorecards Fail, in: Journal of Strategic Performance Measurement, Nr. 1, 1999, S. 6–10.

Schneiderman, The First Balanced Scorecard, in: Journal of Cost Management, 2001, Nr. 5, S. 16–26.

Siebelink, Apt Metrics, Astute Measures. A Strategic Approach to Performance Management, 2009.

Stephan, Das Management der Strategieimplementierung, in: Gerberich, C. W. (Hrsg.), Praxishandbuch Controlling – Trends, Konzepte, Instrumente, 2005, S. 369–388.

Stephan, SWOT-Analyse: Controlling-Instrument zur Identifikation strategischer Handlungsoptionen, in: Gleich/Klein (Hrsg), Strategische Controlling-Instrumente, Der Controlling-Berater, 2010, Nr. 8, S. 81–100.

Stephan, Strategietransformation. Entwicklung eines Verfahrens zur Effektiven Umsetzung von Strategien, 2014.

Planung und Budgetierung bei einem führenden europäischen Fußballverband

■ Pläne und Budgets sind Wetten auf die Zukunft und der organisationale Maßstab für antizipiertes zukünftiges Handeln. Das Budget stellt dabei das finanzielle „Commitment" eines Unternehmens zur Erreichung seiner strategischen Ziele dar.

■ Die größte Effektivität entfalten Pläne und Budgets, wenn sie prozessual integriert aus der Strategie abgeleitet werden und diese stufenweise konkretisieren.

■ In integrierten Planungs- und Budgetierungssystemen stehen die relevanten Größen auch zur Analyse und zum Management Reporting zur Verfügung und werden nicht in separaten Prozessen und Systemen geführt.

■ Dem Controller kommt in modernen Planungs- und Budgetierungsprozessen die Rolle des internen Beraters zu, der nicht nur Budgets überwacht, sondern die inhaltliche Ausrichtung und Stoßrichtung beratend mitbestimmt.

■ Die Autoren

Fabian Egli, ist Head Group Controlling bei der UEFA im Headquarter in Nyon. Davor war er Leiter Rechnungswesen (CH) und Projektleiter bei der Swiss Life in Zürich.

Dr. Mario Stephan, Direktor des Bereichs Enterprise Performance Management bei PwC in Zürich und Leiter des Studiengangs Corporate Strategy an der Steinbeis-Hochschule, Berlin.

1 Grundlagen und Begriffsabgrenzung

Das Thema Planung und Budgetierung rückt wellenartig alle paar Jahre in den Fokus der betriebswirtschaftlichen Diskussion. Entweder weil die Realität die unternehmerischen Pläne schon obsolet hat werden lassen, bevor diese firmenintern verabschiedet wurden – die Praktiker verlangen infolgedessen nach effektiveren Ansätzen. Oder weil neue Varianten bekannter Planungs- und Budgetierungskozepte unter neuem Namen angepriesen und publikumswirksam vermarktet werden, dann aber doch nicht die erhoffte Wirkung zeigen und aus diesem Grund nach neuen Ansätzen verlangt wird. Egal aus welchem Grund, regelmäßig scheinen die jeweils aktuellen Planungsansätze den Anforderungen der Praxis nicht vollumfänglich zu genügen.

Planung und Budgetierung bleiben Dauerbrenner

Abb. 1: „Moderne" Planungs- und Budgetierungsansätze[1]

Im Kern ist es die Hauptaufgabe der Planung (und der darauffolgenden Budgetierung), eine nicht in allen Details bekannte, häufig unsichere und sich immer schneller verändernde Zukunftsentwicklung vorstellbar und damit greifbar zu machen. Ausgehend von einer langfristigen Unternehmensplanung werden Detailpläne bspw. für die Produktion, den Vertrieb oder die IT abgeleitet und anschließend idealerweise in konkrete Ziele transformiert. Der Plan wird somit zum Maßstab für zukünftiges

Leistungs-potenziale werden nicht ausreichend erschlossen

---

[1]   Vgl. PWC, 2009a, S. 1 ff.

Handeln und ggf. sogar als Orientierungspunkt zur Beurteilung einer Leistung herangezogen.

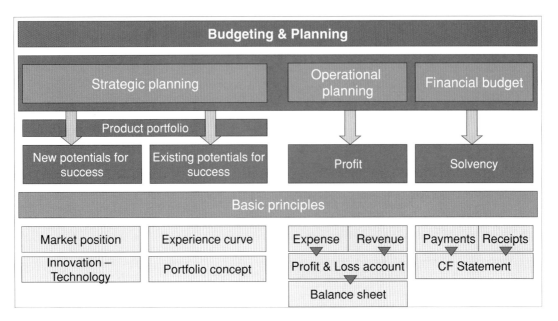

Abb. 2: Planungsarten und -aufgaben

Dass Pläne letztlich immer nur Wetten auf eine unbekannte Zukunft sind, wird dabei jedoch oft ignoriert oder es wird zumindest so getan, als gäbe es eine ausreichende Prognosestabilität, um das Unternehmen oder einzelne Mitarbeiter gegenüber den Plänen zur Rechenschaft zu ziehen. Es wird ein großer Aufwand betrieben, um diese Scheinstabilität zu kreieren, was einzelne Spitzenmanager schon zu Aussagen veranlasste, die jährlich wiederkehrenden Planungs- (und Budgetierungs-)Aktivitäten als Fluch (bspw. Jack Welsch, GE) und/oder Repressionsinstrument (bspw. Bob Lutz, Chrysler) zu bezeichnen. Vermeintlich moderne Planungs- oder Budgetierungsverfahren wie bspw. das Beyond Budgeting, das eine vollumfängliche Abkehr von klassischen Budgets vorsieht, stellen denn auch radikalste methodische Reaktionen auf diese Problemsituation dar. Und wie alle radikalen Lösungen helfen auch sie nur in Extremsituationen, d.h., sie erweisen sich im „normalen" Tagesgeschäft als wenig hilfreich.

Budgets sind quantifizierte Pläne

Ebenso wichtig wie die Erkenntnis, dass Pläne nur in Ausnahmefällen eine exakte Prognose der Zukunft darstellen, ist die Abgrenzung der Planung von der Budgetierung. Während Pläne grundsätzliche Orientierung über die Entwicklung und Zielrichtung des Unternehmens geben und dadurch zur Motivation und Koordination der Organisationsmitglieder beitragen, repräsentieren Budgets das monetäre Abbild und damit neudeutsch das finanzielle „Commitment" gegenüber der Planung. Das Budget ist damit letztlich das entscheidende Instrument, wenn es um die Realisierung von Strategien geht. Während Pläne gerade im angloamerikanischen Raum häufig noch visionäre Züge haben können, zeigt das Budget die konkreten Mittel, die zur Verwirklichung der Pläne zur Verfügung gestellt werden. Die Phase „Strategy to Plan" müsste deshalb korrekterweise eigentlich Strategy to Budget heißen. Im Idealfall stimmen Planung und Budgetierung überein, im Normalfall nähern sich top-down definierte Plane mit den bottom-up erstellen Budgets zwar an, provozieren jedoch noch weitergehende Abstimmungsrunden, bevor sich alle zu den definierten Größen verpflichten (lassen).

2 Planung und Budgetierung beim Fußballverband

2.1 Vorstellung des Fußballverbands

Der nachfolgend vorgestellte Verband ist ein im Handelsregister eingetragener Verein im Sinne des Schweizerischen Zivilgesetzbuches mit Sitz in Nyon. Als Dachorganisation von 54 Nationalfußballverbänden aus ganz Europa kümmert er sich um alle Facetten des europäischen Fußballs. Der Fußballverband unterstützt seine Mitgliedsverbände für das Wohlergehen des gesamten europäischen Fußballs.

Dachorganisation von 54 europäischen Fußballverbänden

Eine der wichtigsten Steuerungsinstanzen des Fußballverbands ist der Verbandskongress, der das oberste Kontrollorgan des Verbands repräsentiert. Jedes Jahr findet ein „Ordentlicher Kongress" statt, an dem Delegierte sämtlicher 54 Mitgliedsverbände teilnehmen und das „Budget" verabschieden. Zudem wird eine Langfristplanung („Strategic Financial Outlook") zur Information vorgelegt. Die zweite wichtige Steuerungsinstanz und das oberste Exekutivorgan ist das Exekutivkomitee. Es setzt sich aus dem Verbandspräsidenten und 15 durch den Kongress gewählten Mitgliedern zusammen. Das Exekutivkomitee führt die Geschäfte des Verbands, soweit es die Geschäftsführung nicht delegiert hat oder diese durch die Statuten nicht an den Verbandspräsidenten oder an die Verbandsadministration übertragen sind. Die Administration ist eine dritte kritische Steuerungsinstanz und befindet sich im Headquarter des Verbands in Nyon. Die Administration erledigt unter der Leitung des Generalsekretärs (General Secretary) alle Geschäfte und ist für die Organisation, Verwaltung und Führung der (Verbands-)Administration verantwortlich, d.h. auch für die Erstellung und Fortschrittskontrolle sowohl der strategischen Pläne als auch der operativen Budgets.

2.2 Ausgangslage und Problemstellung

In der Literatur werden die eingangs aufgeführten Sachverhalte zumeist dergestalt problematisiert, dass sich bspw. Pläne und Budgets noch vor ihrer Verabschiedung überholen und/oder die Planung bzw. Budgetierung einen unverhältnismäßig hohen Aufwand produziert. Im Falle des Fußballverbands bestand die anfängliche Herausforderung jedoch vor allem darin, dass aufgrund der Vereinsstruktur und der damit erforderlichen unterschiedlichen Steuerungsinstanzen, d.h. konkret für den Kongress und die Administration, zwei parallele Budgets erstellt wurden, die nicht immer in allen Details übereinstimmten. Dadurch wurde sowohl ein signifikanter Erstellungs- und Abstimmungsaufwand produziert als auch die Akzeptanz der entsprechenden Prozesse minimiert. Als weitere Besonderheit kam hinzu, dass der Fußballverband aufgrund seines wirtschaftlichen Erfolgs einem deutlich geringeren Kostendruck ausgesetzt ist, als dies in anderen Industrien aktuell der Fall ist. Dies führte zu einer Kultur, dass antizipierte Mehrkosten im ersten Impuls nicht durch Einsparungen, sondern durch eine Erhöhung der laufenden Planung (Forecasts) kompensiert wurden.

Das grundlegende Ziel der optimierten Planung und Budgetierung bestand deshalb darin, einerseits die Effizienz der Planungs- und Budgetierungsprozesse und damit deren Akzeptanz zu steigern. Andererseits galt es, die Optimierung der Prozesse zum Anlass zu nehmen, um auch die informationstechnologische Unterstützung auf den Stand der Technik zu bringen und damit die Zukunftssicherheit zu steigern. Im Detail sollte die Parallelität der einzelnen Planungs- und Budgetierungsprozesse eliminiert und ein durchgängiger, an den strategischen Zielen des Fußballverbands ausgerichteter Planungs- und Budgetierungsprozess auf Basis von SAP BPC, aber unter der Führerschaft des Business, d.h. nicht der IT, implementiert werden.

2.3 Vorgehen

2.3.1 Erstellung des „Strategic Financial Outlook"

Um sicherstellen zu können, dass der optimierte Planungsprozess sowohl eine ausreichende strategische Orientierung aufweist als auch eine direkte Kopplung zwischen der schon bestehenden strategischen Planung (Strategic Financial Outlook) und der operativen Budgetierung ermöglicht, wurde sich stark an die erste Phase des EPM-Zyklus, d.h. an die Strategietransformation, angelehnt.

Abb. 3: Übersicht SFO-Erstellungsprozess

Im ersten Schritt wurden deshalb die strategischen Zielvorgaben (des Verbandspräsidenten) präzisiert und den jeweiligen Divisionen als Orientierungsgrößen vorgegeben. Controllingintern wurde dazu eine Strategielandkarte erstellt, die alle wichtigen strategischen Entwicklungsvorgaben in korrelierende Ziele herunterbrach und sowohl auf die Vision des Verbands als auch auf dessen prioritäres Ziel der Maximierung der Rückzahlungen (Solidarity Payments) an die Mitgliedsorganisationen zulaufen ließ.

Um einen direkten Link und eine vollständige Durchgängigkeit zwischen der strategischen und der operativen Planung herzustellen, wurden alle Budgetierungsvorgaben aus dem strategischen Planungsprozess abgeleitet. Auf Basis eines vorher zugesandten Fragebogens wurden die vorgegebenen Zielvorgaben auf Machbarkeit und Realitätstauglichkeit plausibilisiert und dazu eine erste Einschätzung der jeweiligen Divisionen („Functional Areas") eingeholt. Die Leitfrage für alle Divisionsverantwortlichen war dabei, ob sich relevante Änderungen im Umfeld des Verbands eingestellt hätten („Has the world changed?"), die eine Anpassung der Strategie und damit der strategischen Zielvorgaben rechtfertigten bzw. erforderten. Allfällige Strategieanpassungen fanden so einen direkten Einfluss in die Planung bzw. wurden in ihrer Relevanz für die Organisation berücksichtigt. Zudem sollte und konnte so verhindert werden, dass die gesamte Organisation mit den Planungsaktivitäten begann, bevor alle strategischen und damit auch für die Planung und Budgetierung relevanten Umfeldfaktoren abgestimmt waren.

Der auf dieser Vorabklärung erstellte strategische Plan (Strategic Financial Outlook) wurde in einem Treffen mit den jeweiligen Divisionsdirektoren anschließend weiter diskutiert, falls erforderlich noch einmal adaptiert und schlussendlich dem Generalsekretär zur neuerlichen Freigabe der konkreten Zielwerte vorgelegt. Der Übergang in den operativen Budgetierungsprozess erfolgte nachfolgend durch die jeweiligen, d.h. divisionalen, Finanzcontroller, die sowohl den Strategic Financial Outlook als auch die jeweiligen Zielvorgaben bestätigten und so auch von operativer Warte aus sowohl Zielinhalt als auch -ausmaß genehmigten.

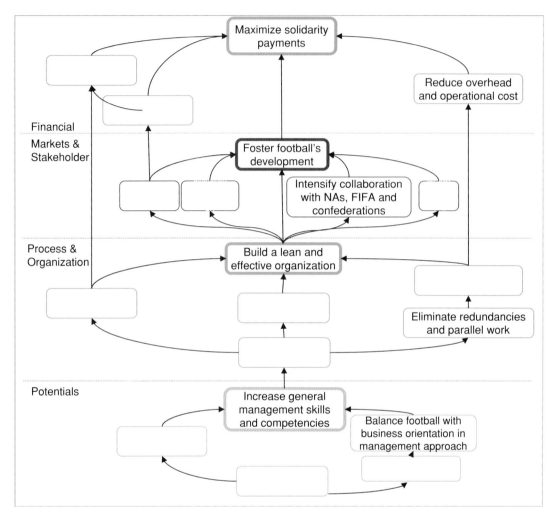

Abb. 4: Übersicht Verbands-Strategy-Map mit den Kernzielen pro Perspektive

2.3.2 Erstellung des Budgets

Dadurch, dass sich alle Zielvorgaben wie bspw. die angestrebten Umsätze aus dem Verkauf von Übertragungsrechten oder bestimmte Headcount-Größen im optimierten Prozess direkt aus den strategischen Vorgaben ableiten ließen und in ihrer Plausibilität durch die jeweiligen Direktionen bestätigt wurden, konnte direkt mit dem operativen Budgetierungsprozess begonnen werden.

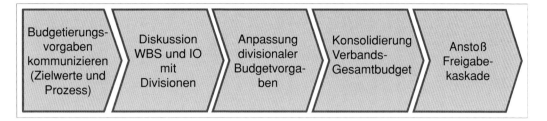

Abb. 5: Übersicht Budget-Erstellungsprozess

Der erste Schritt bestand darin, allen Budgetverantwortlichen neben den Ziel- auch alle neuen Prozessvorgaben zu kommunizieren und das IT-System mit den entsprechenden Werten vorzubereiten.

Gemeinsam mit dem Group Controlling wurden sowohl mit den Cost-Center-Verantwortlichen, als auch mit dem jeweiligen Divisionsdirektor die einzelnen WBS- (WBS = Work Breakdown Structure = Kostenobjekte für komplexe Projekte, u.a. alle Wettbewerbe in SAP) und die IO-Positionen (IO = Internal Order = Kostenobjekte für kleinere Projekte und Aktivitäten in SAP) diskutiert. Bei der Direction Operation wurde bspw. diskutiert, wie die verschiedenen Wettbewerbe des Verbands (u.a. die Champions League) im Einzelnen geplant werden. Die gemeinsam bestimmten und vom Divisionsleiter verabschiedeten Budgetwerte wurden anschließend im System aktualisiert und zur Konsolidierung an das Group Controlling übersandt. Dieses ergänzte nach vorherigen Plausibilisierungsprüfungen seinerseits erforderliche Inhalte wie bspw. bestimmte Kostenallokationen.

Das konsolidierte Gesamtbudget wurde daraufhin dem Generalsekretär präsentiert und nach erfolgter Freigabe dem Finanzchef zur Fertigstellung vorgelegt. Das mehrfach plausibilisierte und freigegebene Budget konnte so vom Generalsekretär über die Finanzkommission bis hin zum Executive Committe einen durchgängigen und unidirektionalen Freigabeprozess durchlaufen, bevor es als alleiniges Budget dem Kongress präsentiert wurde.

Das Ziel der Elimination der zuvor parallelen Budgets wurde erreicht und die direkte und durchgängige Kopplung zwischen der strategischen Langfristplanung und der operativen Detailplanung bis auf Kostenstellenebene realisiert. Der konsolidierte und integrierte Planungs- und Budgetierungsprozess stellt sich, den vorher beschriebenen Prozess zusammenfassend, in Abb. 6 dar.

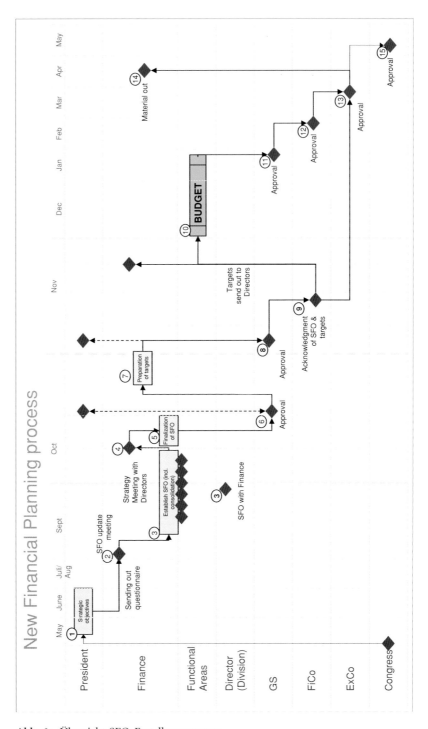

Abb. 6: Übersicht SFO-Erstellungsprozess

3 Ergebnisse, Ausblick und Lessons Learned

3.1 Ergebnisse

Der optimierte Planungs- und Budgetierungsprozess erfüllte bis jetzt alle antizipierten Erwartungen. Insbesondere konnten folgende Ergebnisse erzielt werden:

- Die strategischen und operativen Planungs- und Budgetierungsprozesse sind sowohl fachlich/inhaltlich als auch prozessual/technisch direkt und durchgängig miteinander verzahnt.
- Durch die Orientierung an der Strategielandkarte konnten die strategischen Vorgaben direkt in Zielwertvorgaben und anschließend in zur Realisierung erforderliche und deshalb zu budgetierende Projekte heruntergebrochen werden.
- Anstelle der zwei zuvor parallel existierenden Budgets existierte jetzt ein einheitliches operatives Budget sowohl für den Kongress als auch die Administration.
- Der Planungs- und Budgetierungsaufwand ist für alle Beteiligten deutlich reduziert und weniger fehleranfällig. Der Erstellungszeitraum für Planung und Budgetierung ist um fast 30 % verkürzt.
- Die systemseitige Unterstützung ist durch die Implementierung des optimierten Prozesses auf Basis SAP BPC Netweaver effizienter, prozessual schneller und anwenderfreundlicher geworden; zudem stehen alle Planungsinformationen auch innerhalb des BI, d. h. des Management Reporting, zur Verfügung.
- Weil die Systemhoheit des gesamten Implementierungsprozesses aufseiten des Business lag, konnten sowohl der Abstimmungsaufwand mit der IT als auch notwendige Systemanpassungen umgehend und ohne Extraabstimmungsaufwand realisiert werden.
- Die Akzeptanz des Planungs- und Budgetierungsprozesses i. B. wie auch der auftraggebenden Finanzfunktion i. A. sind durch das Projekt noch einmal deutlich gesteigert worden.

3.2 Ausblick

Im dynamischen Umfeld des Fußballverbands ist das Ende eines Optimierungsprozesses immer auch Anfang eines neuen. Denn nach einer gewissen Stabilisierungsphase soll auf dem höheren Ausgangsstatus aufgebaut und noch weitergehende Leistungsverbesserungen sollen realisiert werden. Dies bezieht sich insbesondere auf eine:

- engere Kopplung der strategischen und operativen Planung mit dem Projektporfoliomanagement (PPM),

- tiefere Verzahnung und Harmonisierung der einzelnen Applikationen innerhalb der Business-Intelligence- (BI-)Systemlandschaft,
- individuelle Erstellung von Strategielandkarten und Management-cockpits pro Division.

In Summe kann mit dem bisher erreichten ein weiterer Schritt zum Erhalt und zum weiteren Ausbau einer Leistungsorganisation erreicht werden, wie sie dem Anspruch des Verbands entspricht.

3.3 Lessons Learned

Rückblickend lassen sich nachfolgende Lessons Learned festhalten, die anderen Unternehmen bei der Optimierung ihrer eigenen Planungs- und Budgetierungsprozesse helfen können:

- Ohne eine vorherige Diskussion und Explikation der strategischen Zielsetzungen verlängern sich die Abstimmungsprozesse auf den operativen Stufen. Je schwammiger die Zielvorgaben sind, desto größer ist der Interpretationsspielraum und damit die Möglichkeit, eigene Interessen entgegen den Erfordernissen aus der Strategie in den Vordergrund zu stellen. Die Erstellung einer Strategielandkarte (Strategy Map) hat hier als internes Orientierungsinstrument sehr vorteilhaft gewirkt.
- Die Führerschaft von Planungs- und Budgetierungsprozessen muss aufseiten des Business liegen und darf trotz signifikanter IT-Anteile nicht als IT-Projekt fehlinterpretiert werden.
  - Die Erfahrung zeigt, dass mit dem Einbezug der IT die fachlich-inhaltlichen Überlegungen gegenüber systembezogenen Aspekten in den Hintergrund rücken. Aus dem Finanzprojekt „Optimierte Planung und Budgetierung" wird ein IT-Projekt, das sich an deren Präferenzen ausrichtet.
  - Die Führung des Business steigert zudem die Akzeptanz der Lösung beim Topmanagement. Während „normale" IT-Lösungen zwar aus Effizienzgründen akzeptiert werden, schafft die fachliche Veranke-rung eine stärkere Beteiligung der Führungskräfte, weil es sich um ein vermeintliches „Business-Thema" handelt.
- Während sich gerade im Parallelprojekt mit dem Ziel der Einführung eines Management Reporting die Erstellung eines Excel-Prototpyen für das „Touch and Feel" der Cockpits als vorteilhaft erwies, ist dieser Zwischenschritt bei der Planung und Budgetierung nicht erforderlich gewesen. Mit der entsprechenden Expertise, d.h., wenn die an der Konzeption beteiligten Experten auch in der Implementierung eine

federführende Rolle innehaben, können alle konzeptuellen Vorgaben direkt im SAP programmiert werden.

4 Literaturhinweise

Morgan/Levitt/Malek, Executing your strategy: how to break it down and get it done, 2008.

PwC [2009a], Corporate Performance Management. Wie effektiv ist Ihre Unternehmenssteuerung?, PricewaterhouseCoopers AG, 2009.

PwC [2009b], Mit weniger mehr erreichen! Studie zum Stand des Projekt-Portfolio-Managements in der IT, PricewaterhouseCoopers AG, 2009.

PwC, Strategisches Performance Management, 2015; www.pwc.ch/cpm, Abrufdatum: 30.2.2015.

PwC, Strategy Transformation Management, 2010; www.pwc.ch/stm, Abrufdatum: 30.4.2014.

Siebelink, Apt Metrics, Astute Measures. A Strategic Approach to Performance Management, 2009.

Stephan, Das Management der Strategieimplementierung, in Gerberich (Hrsg.), Praxishandbuch Controlling – Trends, Konzepte, Instrumente, 2005, S. 369–388.

Stephan, Strategietransformation, 2014.

Stephan, SWOT-Analyse: Controlling-Instrument zur Identifikation strategischer Handlungsoptionen, in Gleich/Klein (Hrsg), Strategische Controlling-Instrumente, Der Controlling-Berater, 2010, Nr. 8, S. 81–100.

Kapitel 4: Measure to Report

■ Der Autor

Roger Kunz-Brenner, Verantwortlicher Partner für den Bereich „Finance" von PwC Schweiz sowie Mitglied des globalen „Finance" Leadership Teams.

Die Messung der unternehmerischen Leistung ist ein zentrales Element des EPM und in der (Berater-)Praxis auch oft das geschäftsträchtigste. Die Tatsache, dass populäre Wissenschaftlicher mit Sätzen wie „what gets measured gets done" weiter in dieselbe Kerbe schlagen, macht die Sache jedoch nicht besser. Denn das Messen an sich bringt erst einmal gar nichts! Und doch ist die Idee verlockend: man setzt zur Steigerung der Unternehmensleistung einfach die richtigen Kennzahlen ein und in Folge dessen entwickelt sich die Performance dann in die richtige Richtung. EPM als triviale Frage der Messoptimierung.

Doch so einfach ist die Sache leider nicht. Denn wenn überhaupt, dann ließe sich das EPM auf die Formel „Sinn vermitteln, sinnvolle Aktivitäten fördern und Leistungsfähigkeit und -bereitschaft der Mitarbeiter steigern" reduzieren. In präzisere Form heißt das, dass es im EPM letztlich darum geht, dass sich die Organisation auf ein gemeinsames und für alle Beteiligten attraktives Zielsystem ausrichtet (s. Kapitel 1), dass dementsprechend die unternehmerischen Ressourcen in die (nach Kosten-Nutzen-Abwägungen) relevantesten Projekte geleitet werden und dass parallel dazu dafür gesorgt wird, dass jeder Mitarbeiter über eine dauerhaft höhere Leistungsfähigkeit zur Realisierung aller Veränderungsaspekte verfügt. Inwieweit das gelingt, muss selbstverständlich nachgehalten und überwacht werden, aber auch hier in erster Linie über das Projektportfolio und erst danach in den klassischen Kenngrößen.

Hinzu kommt gerade bei größeren Unternehmen bzw. Unternehmensverbünden in einer Konzernstruktur, dass der gesamthaft realisierte Erfolg nicht einfach aufsummiert werden kann. Es sind umfangreiche Bereinigungsprozesse erforderlich, um kein verfälschtes Bild der tatsächlichen Lage zu produzieren. Konzerninterne Geschäftsbeziehungen sind zu eliminieren und das Rahmenwerk, innerhalb dessen die Erstellung zu erfolgen hat, an die Vorschriften der jeweils anzuwendenden Rechnungslegungsstandards anzupassen. Die Leistungsmessung ist deshalb aus vielfachen Gründen keine triviale Aufgabe, die sich durch ein einfaches Neugruppieren von bestehenden Kennzahlen in verschiedene Perspektiven optimieren lässt.

Die beiden nachfolgenden Beiträge zeigen in ausreichender Detailierung wie einerseits ein effektives Management Reporting erstellt werden und wie andererseits die wirtschaftliche Lage eines Unternehmensverbundes so er- und vermittelt werden kann, dass der gesamthafte Erfolg deutlich wird.

Management Reporting am Beispiel der AMAG Import

■ Effektives Management Reporting stimuliert Führungskräfte und löst in der Folge zielgerichtet Aktivitäten aus.

■ Das Design des Reporting bestimmt die wahrgenommene Transparenz und Verarbeitungsfähigkeit der berichteten Zahlen beim Anwender und muss auf dessen Präferenz zugeschnitten sein.

■ Standardisierung des Reporting in Bezug auf Definitionen und Auswahl der Messgrößen über vergleichbare Unternehmenseinheiten hinweg unterstützen das Verständnis und ermöglichen Benchmarking.

■ Der Beitrag beschreibt zunächst die allgemeinen Anforderungen an das Management Reporting sowie den Standardprozess zur Bestimmung des Reporting Design. Anschließend wird dessen Anwendung in der Praxis am Beispiel der AMAG Import vorgestellt.

■ Die Autoren

Krystian Lasek, Finanzchef AMAG Import, lic. oec. et. lic. jur. HSG.

Miriam Hirs, Senior Manager im Bereich Enterprise Performance Management bei PwC in Zürich und ausgewiesene Expertin für Management Reporting.

Dr. Mario Stephan, Direktor des Bereichs Enterprise Performance Management bei PwC in Zürich und Leiter des Studiengangs Corporate Strategy an der Steinbeis-Hochschule, Berlin.

1 Grundlagen des Management Reporting

Dass der Aspekt der Leistungsmessung den in der Unternehmenspraxis populärsten Aspekt des EPM darstellt und sich vielfach fälschlicherweise ausschließlich auf diesen konzentriert wird, wurde in den vorherigen Beiträgen schon mehrfach herausgestellt. Ebenso deutlich wurde darauf hingewiesen, dass eine Optimierung der Messung an sich keine Leistungssteigerung generiert und im Kern auch eine Trivialisierung des EPM darstellt. Die wiederholten Hinweise sollen vermeiden, dass dem Irrglauben aufgesessen wird, dass in der Optimierung der Leistungsmessung der Schlüssel einer dauerhaft gesteigerten Unternehmensleistung liegt.

Unterstützung der Entscheidungsfindung

Nach diesem erneuten Hinweis kann jedoch auch festgehalten werden, dass das Performance Measurement – wenn es sich entsprechend der dargelegten EPM-Philosophie in den Gesamtzyklus einbindet – tatsächlich zur Leistungssteigerung einer Organisation beitragen kann. Modernes Management Reporting unterstützt nämlich nicht mehr nur die klassischen quantitativen Ziele wie bspw. die Reduktion der Prozesskosten über eine weitgehende Harmonisierung und Standardisierung der einzelnen Berichte. Modernes Reporting reduziert vor allem die Entscheidungskomplexität des Managements durch die transparente Präsentation von relevanten Inhalten, ermöglicht die Folgelastigkeit bestimmter Entscheidungen anhand von Simulationen auszutesten und unterstützt so die dynamische Reaktion der Organisation auf sich verändernde Innen- und Außenverhältnisse.

1.1 Anwenderorientierung als primärer Erfolgsfaktor

Modernes Management Reporting baut im Wesentlichen auf vier Säulen auf. Die erste und wichtigste betrifft die **Anwenderorientierung**, die sich bspw. in der Relevanz der rapportierten Daten, der Transparenz der jeweiligen Reports und Cockpits, dem Grad der intuitiven Handhabbarkeit sowie der Qualität der Kommentierung äußert.

Reporting fußt auf vier Säulen

Die Relevanz des Management Reporting bemisst sich im Hinblick auf die Anwenderorientierung nicht nur daran, inwieweit die vielfältigen Berichtsprozesse automatisiert, in ihrer Effizienz gesteigert und damit Prozesskosten eliminiert werden können. Die Relevanz des Reporting bemisst sich (und in der Folge eine Leistungsbeeinflussung) vor allem daran, ob die in Berichten, Dashboards oder Cockpits rapportierten Kennzahlen beim Anwender „resonieren", d.h. bei diesem eine entsprechende Resonanz auslösen und so eine bessere Entscheidungsfindung ermöglichen. Informationen, die keine Handlung provozieren oder keinen relevanten Bestandteil einer Entscheidungsfindung darstellen, haben faktisch keine Relevanz.

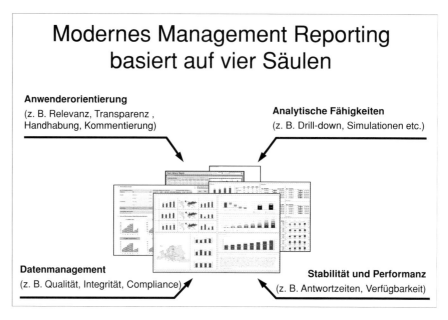

Abb. 1:   Die vier Säulen des modernen Management Reporting

Die **Transparenz** und **Handhabbarkeit** eines Management Reporting betreffen vor allem Fragen der Visualisierung und Zugänglichkeit von relevanten Kennzahlen. Dass ein optisch ansprechendes und vom Anwender intuitiv verständliches Design über mancherlei Schwächen in der Datenlogik oder der Kennzahlenkomposition in Reports hinwegtäuschen kann, ist unter Praktikern fast schon Allgemeingut. Dass ein transparentes, d. h. leicht durchdringbares Reporting jedoch auch die Entscheidungsprozesse beschleunigt, wird hingegen oftmals vergessen. In der Folge wird dann doch zu wenig Aufwand auf die visuelle und prozessseitige Gestaltung der jeweiligen Charts, Cockpits und Reports verwandt und ein großes Akzeptanzpotenzial nicht genutzt. Denn letztlich muss der Wurm dem Fisch schmecken und nicht dem Angler, was bedeutet, dass die Reports und die Anwenderführung die visuellen Präferenzen der Empfänger widerspiegeln und auf deren Bedürfnisse zugeschnitten sein müssen.

Das Gleiche gilt für die gerade von modernen Controllern geforderte Kompetenz, Zahlen nicht nur aufzubereiten, sondern auch noch entsprechend zu **kommentieren**.[1] Wenn sich die Kommentierung nur auf die Verbalisierung des in den Kennzahlen befindlichen Inhalts reduziert („der Umsatz ist um × % gestiegen oder gefallen"), dann ist der Mehrwert dieser Aktivität ebenfalls sehr gering. Effektiver sind demgegenüber Kommentierungsverfahren die zwischen der „Observation" (= Was steht in den Zahlen?), der „Explanation" (= Warum sind die Zahlen so, wie sie sind?) und der „Conclusion" (= Was sollte deshalb getan werden?) unterschieden. Sie erlauben den Entscheidern nicht nur, einen schnellen Überblick über die Gesamtsituation („big picture") zu erlangen, sondern sich auch direkt mit vorgeschlagenen Steuerungsmaßnahmen auseinanderzusetzen. Der Fokus wird dadurch vergleichsweise schnell auf die kritischste aller Fragen im EPM gelegt: Was sollten wir (jetzt) tun?

Observation, Explanation, Conclusion

1.2 Good Practice Reporting Design

So vielfältig die Unternehmen sind, so individuell ist das interne Berichtswesen. Grundsätzlich lassen sich bei den meisten Unternehmen jedoch Varianten des in Abb. 2 skizzierten Prozesses zur Definition eines Reporting Design erkennen.

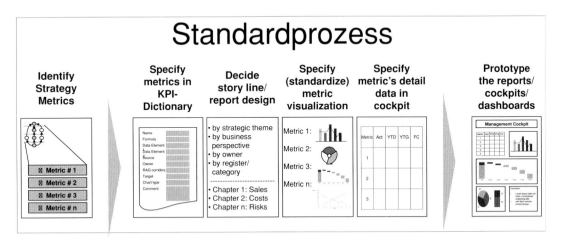

Abb. 2: Standardprozess zur Bestimmung des Reporting Design[2]

---

[1] Vgl. Experteninterview, Controlling-Berater, Band 8, 2010.
[2] Quelle: PwC.

Strategische Kennzahlen identifizieren	Faktisch alle Reporting-Projekte beginnen mit der **Identifikation und Selektion der relevanten Kennzahlen.** Als Good Practice hat sich hier ein zweistufiger Prozess etabliert. Zuerst werden diejenigen Kennzahlen identifiziert, die eine Zielerreichung indizieren können. Weil die Realisierung eines Kennzahlenzielwerts jedoch in der Praxis zu oft auf Kosten anderer wichtiger Bereiche erreicht wird (bspw. wenn eine Profitabilitätsvorgabe durch Einsparungen an der Produktqualität erkauft wird), werden in einem zweiten Schritt auch sog. „Limit-Parameter" etabliert. Einsparungen an Produktionskosten werden dann bspw. durch Kennzahlen der Kundenzufriedenheit oder Reklamationsquoten flankiert, um derlei Negativeffekte frühestmöglich zu indizieren und so rechtzeitig ein Gegensteuern zu ermöglichen.
Kennzahlen definieren	Um auch die in den meisten Fällen angestrebten Effizienzgewinne eines optimierten Management Reporting zu ermöglichen und um die Interpretationsspielräume bei den Anwendern so gering wie möglich zu halten, ist eine frühzeitige **Dokumentation** der Kennzahlen erforderlich. Neben Basisinformationen wie bspw. der Berechnungseinheit, Berechnungslogik oder dem Quellsystem sind auch die Angaben zum zugehörigen Governance-Modell festzuhalten. Dies betrifft bspw. die Festlegung, wer für Datenlieferung und -aufbereitung verantwortlich ist, wer Zielwerte und Korrekturmaßnahmen festlegen darf oder wer Einsicht zu welchen Zahlen bekommen soll. Die Good Practice ist hier, eine zielorientierte Steuerungsperspektive einzunehmen, d.h. einen Zielverantwortlichen zu bestimmen, der auch die zugehörigen Kennzahlen und Projekte verantwortet.
Struktur des Berichtswesens festlegen	Sobald die zu berichtenden Kennzahlen selektiert, definiert und mit dem zugehörigen Governancemodell dokumentiert sind, kann mit der Erarbeitung der **Kapitelstruktur des Management Reporting** begonnen werden. Als Good Ppractice hat sich hier die Anwendung des sog. Story-Board-Verfahrens erwiesen, d.h., dass ungeachtet der konkreten Einzelkennzahlen festgelegt wird, welche grundlegenden Kenntnisse dem Empfänger in welcher Reihenfolge vermittelt werden sollen. Die Bandbreite reicht dabei von (vor-)strukturierten Verfahren mit kategorialen Vorgaben, wie sie bspw. die perspektivische Einteilung der BSC darstellt, bis hin zu individuell entwickelten Reports, die sich vollständig an den erforderlichen Steuerungsinformationen des Managements ausrichten.
Darstellungsform und weitere Details bestimmen	Sobald der grundlegende Informationsfluss definiert ist, kann mit der **Detailspezifikation der einzelnen Reports** begonnen werden. Auch hier werden am Markt verschiedene Standards angeboten, die für sich jeweils reklamieren, eine bestmögliche Informationsverarbeitung beim Empfänger zu ermöglichen. Letztlich ist jedoch nicht entscheidend, welchen Standard das Unternehmen anwendet, sondern nur, dass es sich für

einen als zweckadäquat empfundenen Standard entscheidet und diesen dann einheitlich implementiert.

Im Hinblick auf die Implementierung empfiehlt es sich, die wichtigsten Reports und Cockpits zuerst einmal zu **prototypisieren** und nicht direkt mit der Implementierung im Zielsystem zu beginnen. Denn erst wenn reale Zahlen dargestellt werden, beginnt die wahre Detailoptimierung. Teilweise wird auch erst mit den realen Zahlen deutlich, welche Kennzahlen bspw. aufgrund mangelnder Datenqualität keine aussagekräftige Berechnung zulassen oder an welcher Stelle eine Aggregation der Datenelemente aufgrund unterschiedlicher Berechnungsansätze nicht möglich ist.

Prototyp bauen und testen

2 Management Reporting bei AMAG Import

2.1 Vorstellung AMAG

Die AMAG-Gruppe und ihre Tochtergesellschaften sind seit mehr als 50 Jahren Generalimporteur von Volkswagen in der Schweiz. Schweizweit zählt die AMAG mehr als 5.000 Mitarbeiter, wovon fast 700 Lernende sind. Der Umsatz im Jahr 2014 betrug ca. 4,6 Mrd. CHF und repräsentiert einen Marktanteil über alle Marken des VW-Konzerns in der Schweiz von knapp 30 %.

VW-Generalimporteur in der Schweiz

2.2 Ausgangslage und Problemstellung

Um die Qualität der finanziellen Führung der AMAG Import zu gewährleisten, wurde Anfang 2013 das Projekt „Finanzielle Führung und Berichtswesen" gestartet. Nach Abschluss der ersten Fachkonzeptionsphase, die sich auf einheitliche Segmentierung und Zeilenschemata konzentrierte, sollten die neuen Strukturen in Form der Ergebnisrechnung und der Segmentierung auch den verschiedenen Anspruchsgruppen zur Verfügung gestellt werden können. Dazu sollte das finanzielle Reporting des Geschäftsbereichs Import angepasst und optimiert werden.

Qualität der finanziellen Führung

Eine spezifische Herausforderung war, dass bestehende Reports, die innerhalb des Imports generiert wurden, zunächst nur beschränkt abgestimmt waren, da das Reporting teilweise dezentral abgewickelt wurde. Adressaten erhielten die gleichen Kennzahlen zum Teil in unterschiedlichen Reports von unterschiedlichen Funktionen, was zu einer Duplizierung und auch zu inkonsistenten Informationen führte. Teilweise wurden zu viele und teilweise zu wenige Informationen an das Management und die einzelnen Geschäftsbereiche geliefert, wobei insbesondere das Fehlen von „WIR"-Kennzahlen wie auch eines klassischen Strategie-Reporting kritisiert wurde. Die Wiedererkennung und Nachvollziehbarkeit der Reports war durch sich stetig verändernde Berichtsanforderungen und durch zahlreiche Ad-hoc-Reporting-Anfragen eingeschränkt und führte zu unnötig hohem Aufwand aufseiten der Reportersteller.

In Anbetracht dieser Ausgangslage galt es, das Finanz-Reporting neu aufzustellen und Verbesserungen in praktisch allen vier Bereichen/Säulen (des modernen Management Reporting) zu erzielen. Prozessual wurde sich dabei grundsätzlich am Standardprozess der Einführung eines Management Reporting (Good Practice) orientiert (vgl. Abb. 2).

2.3 Vorgehen im Management Reporting

Umsetzungs-
prozess

Der nachfolgend detaillierter dargestellte Umsetzungsprozess der Optimierung des Reporting gliedert sich in fünf konsekutive Phasen (vgl. Abb. 3). Aufbauend auf der initialen Identifikation und Selektion der Kennzahlen wurden das Design, die Drill-down-Pfade und das Kommentierungskonzept definiert und in eine Gesamt-Governance überführt. Die so erstellte Lösung wurde anschließend im AMAG Import Reporting Tool implementiert.

Abb. 3: Einführungsprozess des Management Reporting

2.3.1 Identifikation der Soll–KPIs

Schritt 1

In einem ersten Schritt galt es, aussagekräftige Kennzahlen (KPIs) zu definieren, die zusätzlich zur Ergebnisrechnung die finanzielle Führung unterstützen. Weil es sich in dieser ersten Phase ausschließlich um Finanzkennzahlen handelte, war der kritische Aspekt hier nicht die eigentliche Auswahl der Kennzahlen. Vielmehr stand in den Workshops die Diskussion im Vordergrund, zu welcher Bezugsgröße bspw. ein Kostenanstieg zu interpretieren ist. Die Information, dass bei Audi die Kosten gestiegen sind, bleibt bspw. So lange ohne spezifische Ressonanz beim verantwortlichen Entscheider, solange sie nicht bspw. ins Verhältnis zum Betriebsergebnis gestellt wird. Ein besonderer Fokus wurde deshalb auf die Bestimmung dieser kritischen Verhältniskennzahlen gelegt, denn nur sie erlauben eine Beurteilung der Performance im Gesamtkontext und unterstützen zudem die die Vergleichbarkeit der einzelnen Geschäftsbereiche untereinander.

2.3.2 Design der Reports und Drill-down-Pfade

Die Konzeption der neuen funktionalen Reports erfolgte im darauf-folgenden Schritt. Die Reports sollten die neuen Strukturen der Ergeb-nisrechnung und Segmentierung abbilden und gleichzeitig eine sinnvolle Navigation und einen besseren Lesefluss zwischen den verschiedenen Reports ermöglichen. Dies wurde durch die Anpssung der Struktur hinsichtlich der Zeilen- und insbesondere Spaltenmuster sowie durch die umfassende Konzeption eines Drill-down-Konzepts gewährleistet.

Schritt 2

Dazu wurden gemeinsam mit dem Controlling und dem Management Team in verschiedenen Workshops die analyseleitenden Fragestellungen bestimmt und so die erforderlichen „Absprungmöglichkeiten" zwischen den Reports festgelegt.

Um die Reports nicht nur inhaltlich, sondern auch optisch zu stan-dardisieren, wurden diese in Anlehnung an Hichert auch auf einheitli-chen Darstellungsprinzipien aufgebaut. So wurde bspw. beim Farbein-satz oder in der Darstellung von Trendkomponenten auf einheitliche Visualisierungsstile geachtet. Um auch nach der Ersterstellung der Reports eine einheitliche Weiterentwicklung der Reports zu gewähr-leisten, wurde abschließend eine „Stilfibel" erstellt, in der alle relevanten Designvorgaben und Nomenklaturen dokumentiert sind.

2.3.3 Umsetzung im Tool

Der Aufbau der Reports im Delta Master, dem Reporting Tool der AMAG Import, wurde bereits während des Report Design begonnen. Dieses Vorgehen hatte den Vorteil, dass die definierte Struktur der Reports sowie die neuen Darstellungsprinzipien direkt im System veranschaulicht werden konnten, was die Entscheidungsfindung der Stakeholder während des detaillierten Designs maßgeblich unterstützte. Gleichzeitig erlaubte dieses Vorgehen, die Darstellungsmöglichkeiten des Delta Master zu testen und somit das Report Design auf das Reporting Tool abzustimmen. Dieses iterative Vorgehen wird auf „Neudeutsch" auch als „Agile Development" bezeichnet.

Schritt 3

2.3.4 Definition des Kommentierungskonzepts und des Maßnahmenmanagements

Schritt 4

Im vierten Schritt galt es, die Kommentierung zu berücksichtigen. Dazu war zu definieren, in welcher Form eine Kommentierung stattzufinden hat und wie diese im Rahmen des Reporting-Prozesses auf den Reports bzw. innerhalb des zukünftigen Reporting Tool abgebildet und archiviert werden konnte. Dem eingangs vorgestellten Good-Practice-Prozess folgend, wurde die Kommentierung in die Bereiche „Feststellungen", „Erklärungen" und „Empfehlungen" unterteilt. Weitere Schritte wurden zurückgestellt, um das Kommentierungskonzept mit dem Maßnahmenmanagement zu verbinden und auch auf das in der Entstehung befindliche „strategische Reporting" auszurichten.

2.3.5 Festlegung der Governance

Schritt 5

Der abschließende Prozess fokussierte auf die Bestimmung des zugrunde liegenden Governance-Prozesses. Die explizite Zielsetzung war, eine stärkere Zentralisierung des Reporting zu erreichen, um inkonsistente Kommunikation und Doppelspurigkeiten zu vermeiden und gleichzeitig die notwendige Flexibilität zur Anpassung an die sich verändernden Geschäftsanforderungen zu ermöglichen („flexibles Rahmenkonzept"). In diesem Sinne wurden die Verantwortlichkeiten in Bezug auf die Verwaltung des Reporting neu definiert und insbesondere ein Change-Request-Prozess inklusive neuer Kommunikationsstrukturen eingeführt.

Um nach der erfolgreichen Einführung der neuen Reports zur finanziellen Berichterstattung eine noch umfassendere Performance-Diskussion zu ermöglichen, wurde im Anschluss an die vorherigen Schritte die Entscheidung getroffen, dass neben den wichtigsten finanziellen Kennzahlen auch die relevanten nichtfinanziellen Kennzahlen in Cockpitform präsentiert werden sollten.

2.3.6 Strategiecockpit Import

Schritt 6

Die zwischenzeitlich definierten Managementcockpits wurden durch die Ausarbeitung des Strategiecockpits Import initialisiert und sollen wie erwähnt eine umfassendere Performance-Diskussion ermöglichen.

Dazu wurden Cockpits je Organisationseinheit (die jeweils Ziele in der Strategie Import verantworten) definiert, die dem Management erlauben sollten, sich einen raschen Überblick über den Umsetzungsstand zu verschaffen und mittels Drill-down-Funktionalität die gewünschten Themen im Rahmen des funktionalen Reporting zu vertiefen. Der grundsätzliche Unterschied gegenüber den finanziellen Reports lag deshalb nicht nur in der Berücksichtigung aller strategischen Ziele und deren Zusammenhänge, sondern vor allem in prioritätsorientierten, mit dem Maßnahmenmanagement kombinierten und Verantwortung wahrnehmenden Handlungsweisen im Unternehmen.

Auch während der Phase des Cockpitdesigns wurde zu jeder Zeit sichergestellt, dass die von AMAG formulierte Strategie „sinnvoll" transformiert wurde, weil nur so die effektive und effiziente Umsetzung der Unternehmensstrategie gewährleistet werden kann.

In einem ersten Schritt wurden deshalb auch hier zuerst die notwendigen KPIs bestimmt, welche die strategischen Ziele unter Berücksichtigung der wichtigsten Geschäftstreiber mindestens messbar und lenkbar und somit führbar für die Kennzahlen-Verantwortlichen machen. Die Struktur der Cockpits orientierte sich dabei an den vier Perspektiven Finanzen, Markt & Kunde, Prozesse und Potenzial.

3 Zusammenfassung

3.1 Ergebnisse

Im Ergebnis konnten durch das gewählte Vorgehen die anvisierten Projektziele erreicht werden.

Projektziele wurden erreicht

1. Zum einen kann konstatiert werden, dass das optimierte Reporting den Anforderungen der Adressaten entspricht, d. h., sowohl vom Inhalt als auch von der Benutzerführung alle Anforderungen und Präferenzen der Anwender berücksichtigt.
2. Die Navigation im optimierten Reporting Tool ermöglicht einen schnellen Überblick über alle verfügbaren Reports inkl. Gruppierung nach Empfänger und inkl. Kennzahlen und Drill-down Möglichkeiten. Zudem sind alle Finanz-Reports inhaltlich und prozessual harmonisiert und erlauben damit einen leichteren Lesefluss.
3. Die Report-Design-Prinzipien sind in der Stilfibel dokumentiert und stellen sicher, dass auch zukünftige Reports dem erarbeiteten Standard entsprechen.
4. Durch das im Rahmen des Governance-Konzepts eingeführte Änderungsmanagement ist zudem sichergestellt, dass auch in der Weiterentwicklung das Reporting nicht ausufert und die gestellten Anforderungen an Relevanz und Effizienz gewahrt bleiben.

3.2 Ausblick und Lessons Learned

Mit der Umsetzung des Strategiecockpits Import und seinen Drill-down-Scorecards wird das Strategie-Reporting zum Leben erweckt. Dies muss jetzt mit dem funktionalen Controlling bezüglich „WIR"-Kennzahlen zusammengeführt werden. Ein weiterer Fokus muss außerdem auf die Durchgängigkeit der Zahlen, den Austausch zwischen strategischem und funktionalem Reporting und die Einbindung in ein ganzheitliches Maßnahmenmanagement gelegt werden.

3-Steps-Modell Anhand der Wir-Kennzahlen sollen so sukzessiv ein Best Practice Sharing, Performance-Gespräche und eine partnerschaftliche Geschäftsbeurteilung entsprechend gelebter Verantwortlichkeiten praktiziert werden. Dazu wird das 3-Steps-Modell zur Anwendung kommen (s. Abb. 4).

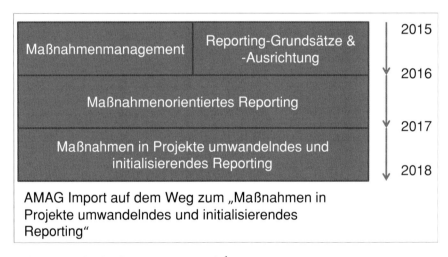

Abb. 4: Zeitplan für das Reporting-Projekt[3]

Mit diesen drei Schritten soll das MIS Import (Strategie-Cockpit Import) zum zentralen Steuerungsmittel des Top-Managements werden, wo die Durchgängigkeit zur operativen Ebene in den Zahlen sowie sämtlichen relevanten Prozessen ein Selbstverständnis bildet.

Lessons Learned Auch wenn die Optimierung des Management Reporting noch nicht bis in die letzten Details finalisiert ist, lassen sich rückblickend wichtige **Lessons Learned** festhalten. Diese können andere Unternehmen bei der Optimierung ihres Reporting helfen:

---

[3] Quelle: Krystian Lasek, Finanzchef AMAG Import.

1. Während gerade anfangs ein attraktives Design beim Hinwegsehen über manche Suboptima helfen kann, ist eine gute Datenbasis auf lange Sicht unabdingbar. Aus diesem Grund stellte sich bspw. die vorgängige Überarbeitung der Zeilenschemata und der Segmentierung rückblickend als erfolgskritisch dar.

2. Weil die Schönheit im Auge des Betrachters liegt und viele Betrachter unter Umständen zahlreiche und teils widersprüchliche Anforderungen äußern können, ist ein strukturierter und für alle nachvollziehbarer Designprozess unerlässlich. Selbiges gilt für die Definition des Governance-Prozesses.

3. Ein Engpassfaktor im Design von Reports und Cockpits stellen die Möglichkeiten des Reporting-Tools dar. Ein definitives Design ist deshalb erst nach Festlegung des definitiven Tools möglich.

4. Rückblickend ist es besser, den Mut aufzubringen, direkt mit den allumfassenden Management-Cockpits auf Basis der Strategie zu starten, statt zuerst die finanzielle Reports auf operativer Stufe zu erarbeiten, weil dieses Vorgehen dann ein Top-down Alignment vereinfacht.

Konzernkonsolidierung: Organisation, Aufgaben und Systemunterstützung aus Controllingsicht

■ In Unternehmensverbünden stellt die Konsolidierung einen essenziellen Prozess im Rahmen der korrekten Ermittlung der Unternehmensleistung dar.

■ Die Anforderungen des Controllings gehen dabei meist deutlich über die externen Anforderungen hinaus.

■ Um den häufig zeitintensiven Prozess der Abstimmung der konzerninternen Liefer- und Leistungsbeziehungen (Intercompany) zu optimieren, ist der richtige Mix aus Systemunterstützung, organisatorischen und prozessualen Maßnahmen sowie entsprechenden Richtlinien zu finden.

■ Beim Aufbau einer systemgestützten Konsolidierungslösung liegt die Herausforderung weniger in der Abbildung der Konsolidierungsschritte als vielmehr in der Verzahnung der internen und externen Welten sowie in der Sicherstellung der Meldefähigkeit auf Ebene der Meldeeinheiten.

■ Eine vollständige Automatisierung der Konsolidierung ist nicht zwingend auch die effiziente Lösung. Eher ist es wichtiger geworden, dass Veränderungen in der Konzernstruktur effizient umgesetzt werden können.

▪ Der Autor

Claus Michael Wiegels begann seine berufliche Laufbahn bei PwC im Jahr 1997. Er hat umfangreiche Erfahrungen in prozessualen und systemtechnischen Fragestellungen insbesondere im Bereich Finanzwesen, Controlling und Konzernsteuerung und hat bereits eine Vielzahl von verschiedenen Lösungen für die Konzernsteuerung eingeführt. Heute ist er Partner bei PwC im Bereich Advisory und verantwortet dort das Business Applications Team von PwC.

1 Voraussetzung für zutreffende Darstellung der Unternehmensleistung

Die Steigerung der Unternehmensleistung muss mittels geeigneter Kennzahlen und in visuell ansprechender Form nachverfolgt werden, um beim Empfänger ein entsprechendes Verhalten i.S.v. Steuerungsmaßnahmen auszulösen.[1] Bei größeren Unternehmen bzw. Unternehmensverbünden in einer Konzernstruktur kommt hinzu, dass die Gesamtunternehmensleistung nicht einfach aufsummiert werden kann, sondern dass umfangreiche Bereinigungsprozesse erforderlich sind, um kein verfälschtes Bild der Leistungssituation zu produzieren.

Konzernkonsolidierung ist deshalb ein Teilprozess der Konzernsteuerung, in dem die Leistungsdaten sowohl für interne, aber vor allem auch für externe Berichtsempfänger zur Abbildung der wirtschaftlichen Lage einer Unternehmensgruppe aufbereitet werden. Hierzu werden die von den Berichtseinheiten zugelieferten Daten typischerweise in entsprechenden Konsolidierungssystemen oder zum Teil auch noch in MS Excel verarbeitet.

Der folgende Artikel beschreibt ausgewählte, typische Herausforderungen aus der Praxis der (Konzern-)Konsolidierung. Nach der Vorstellung der typischen Anforderungen werden die Themen der Datenmeldung und Intercompany- (IC-)Abstimmung detailliert dargestellt sowie die auf den gemeldeten Daten aufsetzenden Konsolidierungsmaßnahmen diskutiert. Zum Abschluss werden die unterschiedlichen Ansätze von EPM- (Enterprise-Performance-Management-)Systemen zur Unterstützung der Konsolidierung skizziert.

2 Inhaltliche und strukturelle Anforderungen

2.1 Externe Anforderungen

Aus externer Sicht dient der Konzernabschluss dazu, die wirtschaftliche Lage eines Konzerns so zu vermitteln, als sei er ein einzelnes Unternehmen. Konzerninterne Geschäftsbeziehungen sind dementsprechend zu eliminieren. Das Rahmenwerk, innerhalb dessen die Erstellung zu erfolgen hat, wird durch die jeweils anzuwendenden Rechnungslegungsstandards definiert. Neben lokalen Standards wie dem HGB in Deutschland, dem UGB in Österreich und der Swiss GAAP FER in der Schweiz werden auch internationale Standards wie IFRS sowie bereichsspezifische Standards wie IPSAS bzw. EPSAS für den öffentlichen Sektor genutzt. Während bis vor ein paar Jahren die Bedeutung der internationalen

Fiktion des Einzelunternehmens

---

[1] Lasek/Hirs/Stephan, Management Reporting am Beispiel der AMAG Import, 2015.

Standards stetig zunahm, ist derzeit zu beobachten, dass aufgrund der Regeldichte der internationalen Standards die lokalen Vorschriften bei Konzernen wieder beliebter werden. Dies gilt aber lediglich für Konzerne, die nicht verpflichtet sind, die internationalen Standards anzuwenden.

2.2 Anforderungen des Controllings

Harmonisierung durch IFRS 8

In vielen Konzernen sind integrierte Steuerungssysteme im Einsatz, mit denen auch die internen Berichtsanforderungen im Rahmen der Konzernsteuerung abgedeckt werden. Nicht zuletzt haben die Anforderungen des IRFS 8 zu einer Harmonisierung des internen und externen Konzernberichtswesens geführt. Dabei gehen die Anforderungen des Controllings hinsichtlich der Granularität der Berichtsobjekte häufig über die Anforderungen des externen Rechnungswesens hinaus. Neben den extern zu berichtenden Segmenten sind oft auch weitere Berichtsobjekte wie Business Units oder Profit Center darzustellen. Ferner sind neben Istdaten weitere Datenkategorien wie z. B. Plan- und Vorschaudaten in den Systemen abzubilden, bei denen zunehmend auch konzerninterne Geschäftsvorfälle (Intercompany) auf Ebene des Geschäftspartners separat ausgewiesen werden, um einen detaillierten Werfluss darstellen zu können.

Eliminierung von Berichtsobjekten

Wichtig ist, dass insgesamt ein Informationsmodell verwendet wird, das den Bedarf hinsichtlich aller Informationsobjekte darstellt und gleichzeitig die erforderliche Flexibilität sowie die Effizienz der Datenbereitstellung sicherstellt. Solange auf Ebene der internen Berichtsobjekte keine Eliminierungen erforderlich und auch keine vorzutragenden Bilanzinformationen abzubilden sind, ist dies i. d. R. gut umsetzbar. Sobald hier der Bedarf an eine entsprechende Eliminierung interner Geschäftsvorgänge oder der Abbildung von vorzutragenden Bilanzinformationen besteht, steigt die Komplexität deutlich an. In der Praxis wird dies dann auch als Matrixkonsolidierung bezeichnet (hierzu s. Abschnitt 4.1).

2.3 Strukturelle Anforderungen

Das Thema Konsolidierung ist zumeist in eine Gesamtarchitektur der Konzernsteuerung eingebettet, die u. a. über die Berichtsobjekte wie z. B. Gesellschaften, Business Units und Segmente und über die Datenkategorien wie z. B. Ist-, Plan- und Vorschaudaten definiert wird. Wenn es um die Gestaltung von entsprechenden Architekturen geht, sind daher nicht nur Prozesse und Systeme betroffen, sondern auch Organisationsstrukturen.

Abbildung von Teilkonzernen

Eine typische Frage ist, wie Teilkonzerne in einem Konsolidierungssystem einbezogen werden sollen. Dabei können zwei grundsätzliche Vorgehensweisen unterschieden werden:

1. Zum einen können Teilkonzernabschlüsse dezentral vorkonsolidiert und anschließend als einzelne Meldeeinheit einbezogen werden. In diesem Fall spricht man von einer Stufenkonsolidierung.

2. Zum anderen können alle Einzelgesellschaften sowie sämtliche Teilkonzerne zentral im Rahmen des Hauptkonsolidierungsprozesses simultan konsolidiert werden.

In der Praxis gibt es auch den Fall, dass ein Teilkonzernabschluss separat erstellt wird und bei der Erstellung des übergeordneten Konzerns die Einzelgesellschaften des Teilkonzerns und nicht der Teilkonzernabschluss einbezogen werden.

Aus den Gesichtspunkten der Transparenz, Abstimmbarkeit und Geschwindigkeit ist die vollständige Integration eines Teilkonzerns in das zentrale Konsolidierungssystem der Konzernmutter i.d.R. vorteilhafter. Beispielhaft kann hier ein Konzern aus der Logistikbranche genannt werden, der durch den Erwerb einer weiteren Unternehmensgruppe vor der Fragestellung stand, wie man den erworbenen Konzern inklusive mehrerer hundert Einheiten in die Konzernkonsolidierung einbezieht.

Integration von Teilkonzernen

Entscheidender Treiber bei dieser Fragestellung war die Anforderung des Konzerns, ein Steuerungsmodell zu verwenden, welches eine hohe Meldedatengranularität erforderte. Da ein vorkonsolidierter Abschluss diese nicht sicherstellen konnte, entschied man sich, den gesamten Teilkonzern vollständig in das Hauptsystem zu integrieren. Die Herausforderung war dabei, die vielen neuen Meldeeinheiten entsprechend der granularen konzernzentralen Reporting-Logik meldefähig zu machen und die erforderliche Granularität der Meldedaten zu gewährleisten. Hierzu wurde eine technische Individuallösung entwickelt, die die Meldedaten aus den Vorsystemen automatisch extrahiert und in die Konzernlogik transformiert. Dadurch konnten letztendlich alle Meldeeinheiten im Rahmen der Konzernkonsolidierung simultan prozessiert werden. Hierdurch wurde der gesamte Abschlussprozess vereinheitlicht, beschleunigt und ermöglicht eine Intercompany- (IC-)Abstimmung über den gesamten Konzern in einem Schritt.

Bei übergeordneten Konzernen erscheint auf den ersten Blick die Einbeziehung von Teilkonzernen interessant. In der Praxis führt dies jedoch u. a. zu folgenden Herausforderungen:

- Informationsverlust sowie damit einhergehende prozessuale Herausforderungen, insbesondere bei der IC-Eliminierung.
- Komplexer Anpassungsbedarf, wenn sich z. B. Einbeziehungsform oder Erstkonsolidierungszeitpunkt auf der übergeordneten Ebene unterscheiden.
- Der korrekte Ausweis von Währungsdifferenzen bei Teilkonzernen, die in Fremdwährung aufgestellt werden und ihrerseits Fremdwährungsgesellschaften einbeziehen.

Kontenpläne
Im Rechnungswesen ist der Kontenplan bzw. der Konzernkontenplan das „Rückgrat" der Informationsbereitstellung. Entsprechend sollte auch der Definition dieser Strukturen und Stammdaten ausreichend Aufmerksamkeit im Rahmen von Projekten im Bereich Konzernsteuerung geschenkt werden.

Trend zum einheitlichen operativen Kontenplan
Ein Ergebnis einer PwC-Studie zum Thema Kontenplan war, dass die Anzahl der Konten bzw. Positionen im Konzernkontenplan zwischen 120 bis 10.050[2] Konten bei einem Durchschnittswert von 2.500 Konten liegt. Beim operativen Kontenplan lag der Durchschnittswert bei 4.600 Konten. Bemerkenswert war ebenfalls, dass im Vergleich zur gleichen, aber drei Jahre älteren Studie die Anzahl der Teilnehmer mit einem einheitlichen operativen Kontenplan deutlich gestiegen war. In Summe haben jedoch immer noch mehr als 50 % der Teilnehmer der Studie keinen einheitlichen operativen Kontenplan, was mit einem entsprechend umfangreichen, häufig dezentral organisierten Mapping der verschiedenen operativen Kontenpläne auf den Konzernkontenplan verbunden ist.

3 Datenbereitstellung für die Konsolidierung

3.1 Dateneingabe und Meldedatenqualität

Hoher Erfassungsaufwand
Während idealtypisch eine integrierte Datenübergabe in das EPM-System anzustreben ist, ist dies in der Praxis nicht immer umsetzbar. Ein Grund dafür ist u. a., dass Daten aus den Vorsystemen (i. d. R. ERP-Systeme) technisch häufig nicht in der erforderlichen Form und Qualität bereitstehen. In der Praxis finden sich daher neben integrierten Lösungen auch Datenmeldungen via File Uploads sowie manuelle

---

[2] Quelle: PwC-Studie Quality at Source 2.0 – Der Kontenrahmen als Grundlage für ein effizientes Reporting, 2012.

Erfassungen in entsprechenden Erfassungslayouts. In den meisten Fällen sind in den Konzernen Mischformen in unterschiedlichen Ausprägungen im Einsatz.

Die integrierte Datenmeldung erfolgt meistens aus standardisierten ERP-Systemen. Aber auch hier sind zum Teil noch Details wie Aufrisse für z. B. Rückstellungen oder Eigenkapital manuell nachzuliefern. Eine besondere Herausforderung an die Meldedaten entsteht zudem bei einer Matrixkonsolidierung, da hier die Meldedaten abgestimmt auf unterschiedlichen Ebenen bereitgestellt werden müssen, wie bspw. über Segmente und Profit Center.

Sofern im selben System auch andere Datenkategorien wie z. B. Plan- und Vorschaudaten geliefert werden, ist grundsätzlich eine manuelle Datenerfassung erforderlich, deren funktionale Anforderungen häufig über denen für eine manuelle Erfassung von Istdaten liegen.

Eine weitere Herausforderung in Bezug auf den Meldeprozess ist die Sicherstellung der erforderlichen Datenqualität durch die Meldeeinheiten. Erfahrungsgemäß entstehen wesentliche Probleme im Abschlussprozess des Konzerns bereits zum Zeitpunkt der Einzelabschlusserstellung bzw. der Aufbereitung der Meldedaten für den Konzern. Wird eine unzureichende Datenqualität aus den Vorsystemen gemeldet, entstehen nicht nachvollziehbare Differenzen, die die IC-Abstimmung erschweren und den Abschlussprozess verlangsamen. Um diese Probleme zu vermeiden, gibt es i. d. R. entsprechende konzernweite Richtlinien (Melderichtlinie, Kontierungshandbuch etc.), die von den Meldeeinheiten anzuwenden sind.

Meldedaten-qualität entscheidender Faktor

Im Rahmen der Datenmeldung werden technische und betriebswirtschaftliche Prüfungen (Validierungen) der Meldedaten in den typischen Standardsoftwaresystemen für die Konsolidierung i. d. R. automatisiert durchgeführt, um die Konsistenz und Qualität der Daten bereits zum Eingabezeitpunkt zu verifizieren. Dabei sollten Validierungen kein starres Regelwerk sein, sondern aktiv genutzt werden, um die Qualität der Meldedaten über den Zeitablauf zu verbessern. Es sollte dabei jedoch auch regelmäßig geprüft werden, welche Regeln ggf. nicht mehr benötigt werden, um die Performance im Meldeprozess nicht unnötig zu belasten.

Ebenso wichtig ist die Auswahl des richtigen Systems. Die meisten Konsolidierungssysteme bieten Standardfunktionen für das Einrichten von Validierungen an. Die Frage ist aber regelmäßig bei der Einführung von Konzernsteuerungslösungen, an welcher Stelle in der Gesamtarchitektur die Datenmeldung realisiert werden soll. Nach unseren Erfahrungen ist es nicht selten, dass sich andere Module als das Konsolidierungsmodul im Rahmen einer Konzernsteuerungslösung für

Ist angebotener Standard wirklich nutzbar?

die Abbildung insbesondere von manuellen Datenerfassungsprozessen anbieten. Dies könnte zur Folge haben, dass die Validierungen an dieser Stelle aufwendig individuell realisiert werden müssen.

3.2 Intercompany–Abstimmung

Nicht selten ein Bündel von Maßnahmen

Die Standardsysteme für die Konsolidierung haben i.d.R. Funktionen, die die IC-Abstimmung unterstützen. Diese sind typischerweise in den Prozess der Datenbereitstellung integriert und unterstützen im Standard eine Abstimmung auf Saldenebene, sofern die von den Meldeeinheiten bereitgestellten Meldedaten einen entsprechenden Aufriss nach Geschäftspartnern enthalten. Sofern wir von einer Matrixkonsolidierung sprechen, steigen die Anforderungen, da dann häufig auch Partnerinformationen auf Ebene Segment oder Business Unit etc. erforderlich sind.

Lösungsansätze zur Optimierung

Insbesondere im Rahmen von Projekten zur Optimierung bzw. Beschleunigung der Abschlusserstellung wurden in den letzten Jahren verschiedene Lösungsansätze zur Optimierung der IC-Abstimmung umgesetzt. Dies reicht von organisatorischen Lösungen über Richtlinien mit klaren Eskalationsverfahren, vorgezogenen Abstimmungsprozessen auf Salden- oder Einzelpostenebene bis zu Konzepten zur „Durchbuchung". In der Praxis sind häufig Mischformen anzutreffen.

Bei einem diversifizierten Konzern mit hunderten Gesellschaften bestand bspw. die Herausforderung, den Abschlussprozess zu optimieren. Hierbei war ein wesentlicher Engpass die Abstimmung der Differenzen aus den IC-Geschäften. Die konzerninternen Geschäftsbeziehungen waren jedoch sehr unterschiedlich ausgeprägt. Es gab Bereiche mit einer täglich großen Anzahl an IC-Vorgängen und Bereiche mit wenigen, dafür aber wertmäßig sehr großen internen Vorgängen. Differenzen gab es in allen Bereichen. Zudem wurden dezentral weitere Teilkonzernabschlüsse erstellt. Hier wurde eine maßgeschneiderte Lösung auf Ebene des übergeordneten Konzerns erarbeitet und umgesetzt, die aus verschiedenen Maßnahmen bestand. Diese umfasst zunächst eine neue IC-Richtlinie mit definiertem Vorgehen für den gesamten IC-Prozess, beginnend bei der Bestellung über die Lieferung bis hin zur Zahlung. Auf diese setzte dann eine im Abschlussprozess vorgezogene systemtechnisch unterstützte Lösung zur IC-Abstimmung auf Saldenebene auf. Parallel dazu würde für einen Bereich mit vielen IC-Vorgängen eine systemgestützte und laufende Abstimmung auf Einzelpostenebene eingeführt. Zur Behandlung von Differenzen wurde als organisatorische Maßnahme ein fristengebundener Eskalationsprozess eingeführt, der die Fachbereiche in der IC-Abstimmung wesentlich in der Einhaltung von Fristen unterstützte.

Zur Abstimmung der IC-Vorfälle bieten viele ERP-Anbieter mittlerweile eine integrierte Abstimmung auf Einzelpostenebene an. Ob diese eine passende Lösung darstellt, kann erst nach Sichtung der IC-Sachverhalte bewertet werden. Schwierig wird es, wenn nicht alle Vorgänge im selben ERP-System gebucht werden. Daher ist es möglicherweise sinnvoll, ein Drittsystem für die IC-Abstimmung heranzuziehen. In der Praxis treffen wir auch auf individuell realisierte Lösungen für die IC-Abstimmung auf Einzelpostenebene. Erfahrungsgemäß sollte vor der Umsetzung einer individuellen Lösung geprüft werden, ob dies nicht auch im genutzten ERP-System oder in einer Standardsoftware für die IC-Abstimmung realisiert werden kann.

Abstimmung auf Einzelposten- ebene

3.3 Währungsumrechnung

Die Währungsumrechnung der Daten von in Fremdwährung gebuchten Einzelgesellschaften findet i.d.R. innerhalb des Konsolidierungssystems statt. Alle gängigen Konsolidierungssysteme bieten Möglichkeiten, um automatisiert mit verschiedenen Wechselkursen (Stichtagskurs, Jahresdurchschnittskurs etc.) zu arbeiten und die entstehenden Wechselkurseffekte auszuweisen.

Währungsum- rechnung im Konsolidierungs- system

Viele ERP-Systeme bieten inzwischen die Möglichkeit zur Führung des operativen Buchungsstoffs in verschiedenen Währungen an. Dabei erfolgt die Umrechnung der einzelnen Buchungsposten i.d.R. zum Wochen- oder sogar Tageskurs. Die so umgerechneten Beträge stehen prinzipiell auch für die Datenmeldung in das Konsolidierungssystem zur Verfügung. Im Rahmen der Erstellung des Konzernabschlusses werden die Daten jedoch meist in den Konsolidierungssystemen anhand der für die jeweilige Position anzuwendenden Form der Währungsumrechnung auf die Kreis- bzw. Berichtswährung umgerechnet.

Parallele Führung

Typische Herausforderung hierbei ist die Abstimmung mit dem internen Berichtswesen, wenn hier z.B. auf bereits auf Konzernwährung umgerechnete Daten aus dem operativen Controlling-System aufgesetzt werden soll.

Möglich ist auch die Variante, dass im Rahmen der Datenmeldung für die externe Berichterstattung sowohl die Beträge in der Ursprungswährung als auch die bereits im ERP-System zum Tages- oder Wochenkurs in Konzernwährung umgerechneten Werte aus dem ERP-System in das Konsolidierungssystem übernommen werden. Voraussetzung ist hier, dass sowohl das ERP-System als auch die Konsolidierungssysteme die parallele Verarbeitung von zwei Währungen unterstützen. Außerdem muss im ERP-System prozessual sichergestellt werden, dass das bewertete Eigenkapital zum historischen Kurs umgerechnet wird.

4 Schritte im Konsolidierungsprozess

Ausgewogenes Verhältnis von Automatisierung und Flexibilität

Wunschvorstellung bei der Einführung von Konsolidierungslösungen ist nicht selten eine Konsolidierung auf „Knopfdruck". Dabei stellt sich zunächst die Frage, ob es bei der hohen Komplexität und den sich ständig verändernden Rahmenbedingungen überhaupt sinnvoll ist, eine vollständige Automatisierung anzustreben. Im Ergebnis kann dies auch zu einer geringeren Flexibilität des Systems führen, in dem bspw. eine Konzernveränderung nur schwer abbildbar ist. Vielmehr sollte das Ziel sein, den optimalen Grad der Automatisierung für jeden Konzern branchen- bzw. unternehmensspezifisch festzulegen. Bei allen Vorgängen gibt es grundsätzlich Wesentlichkeitsgrenzen. Auf diese gehen wir in den folgenden Ausführungen jedoch nicht weiter ein.

4.1 Schuldenkonsolidierung

Intrasegment-Beziehungen sind differenziert zu betrachten

Bei der Eliminierung von Forderungen und Verbindlichkeiten im Rahmen der Schuldenkonsolidierung kommt es vor, dass sich diese nicht in gleicher Höhe gegenüberstehen, was folglich zu Aufrechnungsdifferenzen führt. Die hierbei entstehenden Differenzen werden in echte und unechte Differenzen klassifiziert. Unechte Differenzen sollten bereits durch die IC-Abstimmung vermieden werden und sind im Vorfeld der Schuldenkonsolidierung zu korrigieren.

Behandlung von Differenzen

Bei der Umbuchung auftretender Differenzen können zwei grundsätzliche Vorgehensweisen identifiziert werden. Im ersten Fall wird die Aufrechnungsdifferenz in der ersten Periode erfolgswirksam, in den folgenden Perioden lediglich die Veränderung der Differenz gebucht. Der Teil der bereits verbuchten Differenz wird entsprechend im Vortrag berücksichtigt. In der zweiten Variante werden die in der ersten Periode erfolgswirksam gebuchten Differenzen in der Folgeperiode wieder storniert. Die Gesamtdifferenz wird anschließend neu eingebucht.

Während beide Fälle zum selben Ergebnis führen, besteht bei Variante zwei erfahrungsgemäß eine höhere Transparenz und Nachvollziehbarkeit.

Eine weitere typische Herausforderung in der Schuldenkonsolidierung ist die Matrixkonsolidierung. Neben der Abbildung der Sicht über die Einzelgesellschaften, in der die IC-Beziehungen zwischen den konzerninternen Gesellschaften eliminiert werden, gilt es bei einer Matrixkonsolidierung, zusätzlich die Beziehungen zwischen den Geschäftsbereichen (z. B. Segmenten) zu berücksichtigen.

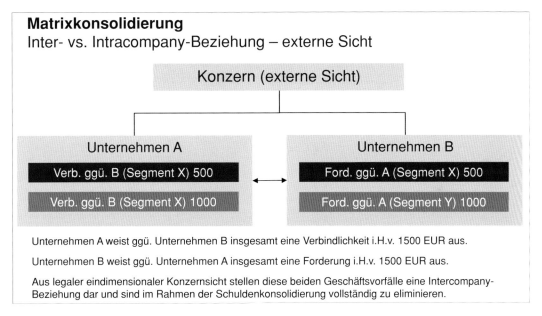

Abb. 1: Inter- vs. Intracompany-Beziehung – externe Sicht

Während IC-Beziehungen allgemein einen Vorgang zwischen zwei Konzerngesellschaften darstellen, kann derselbe Vorgang aus der Segmentsicht bzw. einer internen Managementsicht auch differenziert betrachtet werden, je nachdem, welchen Segmenten (Intersegment) diese Einheiten zugeordnet sind. Eliminiert man aus dieser Sicht segmentinterne Beziehungen (Matrix-Segmentkonsolidierung), so werden beispielsweise Forderungen und Verbindlichkeiten zwischen zwei Konzerneinheiten aus demselben Segment (vgl. Abb. 2 (1)) eliminiert. Es besteht eine sog. Intrasegment-Beziehung. Im Gegensatz dazu steht die Intersegment-Beziehung, die einen Geschäftsvorfall bezeichnet, der zwischen zwei Einheiten aus verschiedenen Segmenten stattgefunden hat. Dieser wird anders als eine IC- bzw. Intrasegment-Beziehung nicht eliminiert, da aus der Segment- bzw. Managementsicht die Vorfälle innerhalb der einzelnen Segmente betrachtet werden (vgl. Abb. 2 (2)).

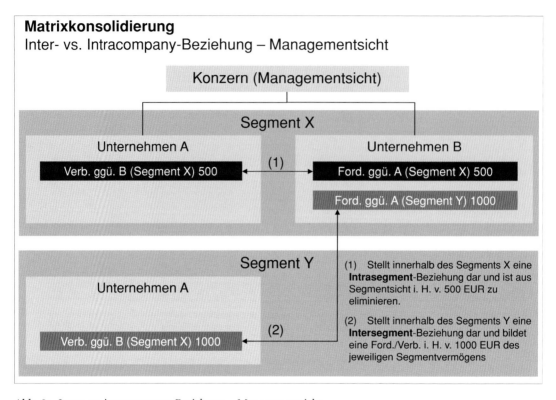

Matrixkonsolidierung
Inter- vs. Intracompany-Beziehung – Managementsicht

Abb. 2: Inter- vs. intracompany-Beziehung – Managementsicht

Aufgrund dieser Tatsache führt die reine Zusammenfassung der Segmente i.d.R. auch nicht direkt zum gleichen Konzernergebnis. Daher ist i.d.R. zusätzlich eine Überleitungsrechnung der Segmentkonsolidierung auf den legalen Konzernabschluss erforderlich.

Varianten   Im Rahmen der Matrixkonsolidierung können verschiedene Varianten unterschieden werden, die in der folgenden Abbildung dargestellt sind. Je nach Ausprägung müssen die Daten entsprechend granular geliefert werden.

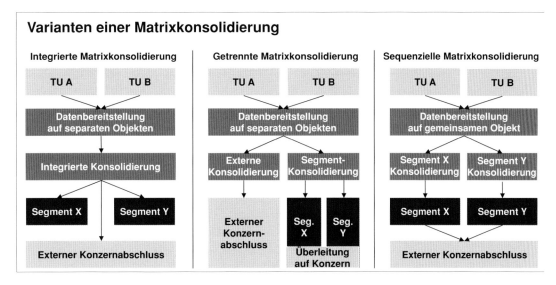

Abb. 3: Varianten einer Matrixkonsolidierung

4.2 Aufwands- und Ertragskonsolidierung

Aufwendungen und Erträge aus dem konzerninternen Lieferungs- und Leistungsverkehr sind zwingend gegeneinander aufzurechnen bzw. es muss eine Umgliederung der Posten stattfinden.

Ein Bereich bei der Aufwands- und Ertragskonsolidierung ist die Innenumsatzeliminierung. Hier treffen wir in der Praxis häufig auf folgende Sachverhalte:

- Verrechnung mit dem Posten „Materialaufwand"
- Umgliederung in den Posten „Bestandsveränderung", wenn die gelieferten Erzeugnisse noch nicht weiterbearbeitet oder verkauft worden sind
- Umgliederung in den Posten „Andere aktivierte Eigenleistungen", wenn der vom liefernden Tochterunternehmen hergestellte Vermögensgegenstand beim Empfänger im Anlagevermögen aktiviert wurde

Neben der Innenumsatzeliminierung gibt es auch noch weitere Sachverhalte, die häufig unter „Sonstige Leistungen" geführt werden. Beispiele hierfür können sein: intern verrechnete Leistungen aus Miete, Pacht, Patent-/Lizenznutzung, Zinsen, Energiekosten, Verpackungs- und Frachtkosten, Beratungskosten, Hard- und Softwarekosten, Reisekosten,

Verwendung von ein- oder zweiseitigen Eliminierungen Innenumsatzeliminierung

95

Umlagen oder Provisionen sowie Kapitalüberlassung und Personalgestellung.

Nutzung von IC-Partnerkennzeichen

Um die Aufrechnung in der Aufwands- und Ertragskonsolidierung systemseitig abzubilden, können entweder ein- oder zweiseitige Eliminierungen verwendet werden. Um einen möglichst genauen Abgleich herzustellen, empfiehlt es sich, die im ERP-System erfolgten Buchungen mit einem entsprechenden IC-Partnerkennzeichen zu kontieren. Werden alle Geschäftsvorfälle mit einer Partnerinformation gemeldet, können in den Konsolidierungssystemen zweiseitige Eliminierungen durchgeführt werden.

Ein typischer Fall für eine einseitige Eliminierung liegt vor, wenn ein Unternehmen ein Produkt erstellt, dass sowohl an Dritte als auch konzernintern verkauft wird. Sofern das Produkt beim beziehenden Tochterunternehmen noch im Bestand ist, ist ggf. auch eine Zwischengewinneliminierung durchzuführen.

Eliminierung von Beteiligungserträgen

Ein weiterer in der Praxis häufig eigenständig betrachteter Bereich im Rahmen der Konzernaufrechnungen ist die Eliminierung von Beteiligungserträgen. Beteiligungsertragseliminierung bezeichnet den Vorgang der Eliminierung der Dividendenerträge einer direkten Obereinheit (MU) mit der Dividendenausschüttung ihrer Beteiligungseinheit (TU). Liegt ein Ergebnisabführungsvertrag (EAV) vor, so wird unter Beteiligungsertragseliminierung die Eliminierung der Aufwendungen und Erträge aus Ergebnisabführung verstanden.

Im Hinblick auf die Durchführung der Beteiligungsertragseliminierung werden im Folgenden vier mögliche Fälle von Ergebnisübernahmen im Konzern unterschieden. Wie in der folgenden Aufstellung dargestellt, sind die vier Fälle der Beteiligungsertragseliminierung anhand der Kriterien Jahr der Gewinnentstehung, Jahr der Vereinnahmung, Jahr der Ausschüttung sowie Existenz eines EAV zu charakterisieren.

Ist das Jahr der Gewinnvereinnahmung nicht identisch mit dem Jahr der Ausschüttung, so wird eine Periodenabgrenzung der Beteiligungserträge erforderlich.

Jahr der Gewinnent-stehung	Jahr der Gewinn-vereinnah-mung	Jahr der Ausschüt-tung	EAV	Bezeichnung
t	t	t	Ja	Fall A: Periodengleiche Vereinnahmung mit EAV
			Nein	Fall B: Periodengleiche Vereinnahmung ohne EAV
		t		Fall C: Vorabausschüt-tung der Dividende
t	t+1	t+1		Fall D: Periodenver-schobene Gewinnver-einnahmung
(mit t: aktuelles Geschäftsjahr und t+1: Folgegeschäftsjahr)				

Abb. 4: Typische Fälle der Beteiligungsertragseliminierung

Folgende Aufstellung stellt die Verbindung der Ergebnisübernahmearten und der zugehörigen typisch technischen Abbildung der Beteiligungsertragseliminierung in Konsolidierungssystemen dar.

Abbildung im System

Fall	Art der Ergebnisübernahme	Abbildung im Konsolidie-rungssystem
A	Periodengleiche Vereinnahmung mit EAV (Gewinnabführung)	paarweise Eliminierung
	Periodengleiche Vereinnahmung mit EAV (Verlustübernahme)	paarweise Eliminierung
B	Periodengleiche Vereinnahmung ohne EAV	interne einseitig bestimmte Eliminierung
C	Vorabausschüttung	einseitig bestimmte Eliminierung
D	Ausschüttungen aus dem Gewinn-vortrag	

Abb. 5: Typische systemtechnische Abbildung der Beteiligungsertragseliminie-rung

Die Verwendung einseitiger Eliminierungen führt zu einer Reduzierung des Abstimmungsaufwands, setzt aber gleichzeitig das Vertrauen auf die Richtigkeit der gemeldeten Daten voraus. Daher sollte das Vorgehen im Vorfeld mit dem Wirtschaftsprüfer abgestimmt werden.

4.3 Zwischengewinneliminierung

Regelbasierte Konsolidierungssysteme häufig im Vorteil

Bei der Eliminierung von Zwischengewinnen unterscheidet man zunächst Vermögenswerte, die im Anlagevermögen, und solche, die im Umlaufvermögen ausgewiesen werden. Während die Eliminierung im Umlaufvermögen sich i.d.R. nur auf die aktuelle Periode auswirkt, erstreckt sich die Eliminierung im Anlagevermögen auf mehrere Perioden.

In beiden Fällen müssen zunächst die Konzernherstellungskosten sowie der aktuelle Bestand der vom Konzernunternehmen gelieferten Vermögensgegenstände ermittelt werden. Bei der Ermittlung des aktuellen Bestands kommt es immer dann zu Herausforderungen, wenn gleichartige Vermögensgegenstände sowohl von externen als auch Konzernunternehmen bezogen werden. Hier muss dann anhand des verwendeten Verbrauchsfolgeverfahrens der IC-Bestand ermittelt werden.

Ermittlung der Konzernherstellungskosten

Auch die Ermittlung der Konzernherstellungskosten kann je nach Produktionsprozess zu Herausforderungen führen. Ist der Produktionsprozess einstufig, dann lassen sich die Herstellungskosten vergleichsweise einfach bestimmen. Bei mehrstufigen Prozessen kann es hingegen zu Herausforderungen kommen. Ein klassisches Beispiel hierzu ist die verfahrenstechnische Industrie. Bei der Verarbeitung des Ausgangsstoffs entstehen ein Hauptprodukt und mehrere Nebenprodukte, die i.d.R. weiterverkauft werden. Dieser Vorgang ist in einer automatisierten Zwischenergebniseliminierung nicht ohne Weiteres umsetzbar. Bei der Abbildung entsprechender Vorgänge sind regelbasierte Konsolidierungssysteme deshalb häufig im Vorteil.

Bei konzerninternen Verkäufen von Gegenständen des Anlagevermögens sollte jede Meldeeinheit alle relevanten Daten an den Konzern melden. Dazu zählen bspw. der Anlagenbuchwert, die historischen Anschaffungskosten sowie der Verkaufspreis. Aus diesen Daten kann dann eine entsprechende Eliminierungsbuchung erzeugt werden, die auch die zukünftigen eventuell anfallenden Abschreibungsbuchungen korrigiert. Typische Herausforderung an dieser Stelle ist eine strukturierte Integration dieses Themas in den Prozess der Datenmeldung.

4.4 Latente Steuern aus Konsolidierungsmaßnahmen

Latente Steuern können auf Einzelabschlussebene sowie aus Konsolidierungsmaßnahmen bzw. bei der Erstellung der HB/IFRS II entstehen. Im Rahmen der Konzernabschlusserstellung sind nur die beiden zuletzt genannten Varianten relevant.

Einige EPM-Systeme bieten eine zum Teil automatisierte Ermittlung dieser Steuerdifferenzen an, indem in den Konsolidierungsmaßnahmen ein entsprechender Steuersatz zur Multiplikation hinterlegt werden kann. Die Erfahrung zeigt jedoch, dass eine große Anzahl von Unternehmen auf Grund der Komplexität des Themas auf eine Automatisierung verzichtet. Die latenten Steuern werden oft außerhalb eines Konsolidierungssystems ermittelt und anschließend in das Konsolidierungssystem übernommen.

4.5 Kapitalkonsolidierung

In keinem anderen Bereich der Konsolidierung kann ein so starker Wunsch nach einer Automatisierung beobachtet werden, wie es bei der Kapitalkonsolidierung der Fall ist. In der Realität ist eine hohe Automatisierung aber i.d.R. mit einem erheblichen Einrichtungsaufwand verbunden und impliziert eine hohe Anforderung an die Qualität der zu liefernden Daten. *Optimaler Grad der Automatisierung*

Beim Einführen eines neuen Konsolidierungssystems stellt sich zunächst die Frage, wie detailliert die Kapitalkonsolidierung aufgebaut werden soll. Dabei die gesamte Historie abzubilden stellt sich oft als sehr aufwendig heraus. Es liegt deshalb nahe, lediglich den letzten Stand abzubilden. Erfahrungsgemäß wirkt sich dieser Ansatz aber stark auf die Nachvollziehbarkeit aus und führt insbesondere bei einer Entkonsolidierung zu Problemen, da die hierfür benötigten Informationen im System nicht vollständig vorliegen. Unabhängig davon, welche Variante gewählt wird, bieten alle gängigen Konsolidierungssysteme die Möglichkeit, einen Geschäfts- oder Firmenwert sowie stille Reserven und Lasten automatisiert abzuschreiben bzw. aufzulösen. *Detaillierungsgrad*

Zu den gut automatisierbaren Standardfällen kann auch die Ermittlung von Minderheitenanteilen am Kapital bzw. am Ergebnis gezählt werden. Durch die hinterlegte Beteiligungsquote kann die Berechnung automatisiert erfolgen. Schwieriger wird es hingegen, wenn indirekte Minderheitenanteile berechnet und somit der Kreisanteil und nicht die direkte Quote verwendet werden. Beide Fälle sind erfahrungsgemäß von vielen gängigen Konsolidierungssystemen durchführbar. *Behandlung von Minderheitenanteilen*

Ziel muss insbesondere bei der Kapitalkonsolidierung sein, den optimalen Grad der Automatisierung zu erreichen, der wiederum genügend Spielraum lässt, die konzernspezifischen Besonderheiten effizient abzubilden.

5 Systemtechnische Unterstützung – Branchenüberblick

Gesamtprozess wichtig für Systementscheidung

In den letzten Jahren haben die führenden Anbieter von Konsolidierungs- und Group-Reporting-Lösungen insbesondere in den Ausbau ihrer Systeme zur Abbildung einer integrierten Konzernsteuerung (EPM-Systeme) investiert. Einige Anbieter hatten die rasante Entwicklung dabei nicht mittels eigener Entwicklungen nachvollzogen, sondern haben andere Anbieter übernommen. Dabei hat die Dynamik im Markt auch neuen Anbietern Raum gegeben, sich am Markt zu platzieren. Aktuell stehen bei vielen Anbietern von Konzernsteuerungs- bzw. Konsolidierungssystemen Themen wie Mobile, Cloud und Big Data auf der Agenda.

Bei der Auswahl einer erprobten Standardsoftware für die Konsolidierung geht es heute weniger darum, ob ein System eine Konsolidierung korrekt abbilden kann. Es geht vielmehr darum, wie die Konsolidierung abgebildet wird und wie eine Integration in eine Gesamtarchitektur für die Konzernsteuerung aussehen kann. Erfahrungsgemäß gibt es die im Folgenden dargestellten grundlegenden Strukturierungsmöglichkeiten.

Integrierte vs. modulorientierte Lösungen

Die Lösungen zur Konzernsteuerung kann man vereinfacht in vollständig integrierte Systeme oder modulorientierte Systeme unterscheiden, die individuell für die jeweiligen Kundenanforderungen zusammengeführt werden. Bei den vollständig integrierten Systemen ist der gesamte Prozess zur Konzernsteuerung in einem Modul abgebildet. Hierbei ist zu beachten, dass die Lösungen häufig verschiedene Datenkategorien parallel abbilden und führen können. Im Detail ist der Funktionsumfang im Standard jedoch häufig nicht besonders tief ausgeprägt.

Bei den eher modular aufgebauten Lösungen müssen die einzelnen Komponenten individuell verknüpft werden. Hier ist zum Teil der Funktionsumfang in den Modulen größer als in den integrierten Lösungen. Hinsichtlich der Form der Verknüpfung gibt es wiederum deutliche Unterschiede. Es gibt Systeme, bei denen die Verknüpfung der Module weitgehend über Standardfunktionalitäten erfolgt. Andere müssen über ein weitgehend individuell zu erstellendes Framework vernetzt werden. Die maximale Komplexität wird erreicht, wenn hier

Lösungen unterschiedlicher Anbieter über ein individuelles Framework zu verbinden sind.

Die Systeme unterscheiden sich ferner hinsichtlich des Umfangs der abzubildenden Lösungen. Es gibt Systeme, die eher in kleinen bis mittelständischen Konzernen anzutreffen sind, und Systeme, die eher bei großen Konzernen mit eher komplexen Lösungen anzutreffen sind. Ein genaues Kriterium, wann welches System am besten geeignet ist, ist dabei jedoch nicht 100 % verlässlich darstellbar. Hilfreich ist hier ein Blick auf die vollständigen Listen an Referenzen mit vergleichbaren Ansätzen.

Die Hersteller der Konsolidierungssysteme bieten i.d.R. alle eine mehr oder weniger ausgeprägte Prozesssteuerung für die Konsolidierung an. Welcher Steuerungsansatz hier am besten zum jeweiligen Konzern passt, ist individuell zu entscheiden. Was an dieser Stelle allgemein unterschieden werden kann, ist, dass es Systeme gibt, in denen der Konsolidierungsprozess jeweils vollständig in einem Schritt ausgeführt wird, sowie Systeme, die dies schrittweise durchführen. Bei den Systemen, die eine schrittweise Abbildung der Konsolidierung im Standard anbieten, handelt es sich typischerweise um vorparametrisierte Lösungen. Der Ansatz, die gesamte Konsolidierung in einem Lauf durchzuführen, ist typisch für regelbasierte Konsolidierungssysteme. **Ansätze zur Prozesssteuerung**

Wie bereits erwähnt, gibt es Konsolidierungssysteme, die im Auslieferungsstandard Konsolidierungsregeln mitliefern, die auf die spezifischen Anforderungen ausgeprägt werden können. In den meisten Fällen sind per „Drag & Drop" nur ein paar Einträge in den Regeldetails anzugeben und die jeweiligen Konten in den Regeln zu hinterlegen.

Bei den regelbasierten Konsolidierungssystemen handelt es sich um Systeme, bei denen die Regeln mittels einer zum Teil individuellen Programmsprache zu erstellen sind. Um die Einführung zu beschleunigen, gibt es Starter Kits, die von den Herstellern oder Beratern mitgeliefert werden und i.d.R. von der Wartung ausgenommen sind. Bei der Einführung eines entsprechenden Systems dienen diese als Grundlage, um eine maßgeschneiderte individuelle Logik aufzubauen. Damit bieten diese Systeme die höchste Flexibilität, erfordern zugleich allerdings spezifischstes technisches Know-how hinsichtlich der Wartung und Weiterentwicklung der Konsolidierungslogik, welches der Konzern vorhalten muss. **Regelbasierte Konsolidierungssysteme**

Bei der Auswahl einer Standard-Softwarelösung für die Konsolidierung ist es zunächst wichtig festzustellen, wofür die Lösung mittelfristig genutzt werden soll. Eine grundlegende Fragestellung ist auch, ob eine eher „schlanke" Konsolidierung für externe Zwecke gewünscht ist oder **Systemauswahl als Teil des Einführungsprojekts** ob komplexere Strukturen wie z.B. eine Matrixkonsolidierung für die Konzernsteuerung abgebildet werden sollen.

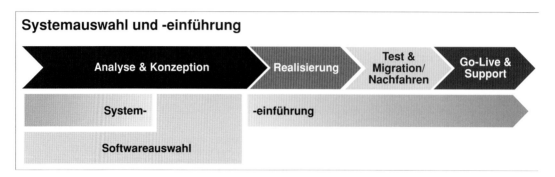

Abb. 6: Systemauswahl und -einführung

Die Auswahl des passenden Systems sollte als Teil des Projekts zur Konzeption und Einführung eines neuen Systems für die Konsolidierung verstanden werden. Insbesondere der fachliche Teil der Konzeption inklusive der Definition eines neuen Konzernkontenplans kann dabei weitgehend systemunabhängig erfolgen.

Kapitel 5: Reward and Sustain

◼ Der Autor

Dr. Holger Greif, Consulting Leader und Leiter Digital Transformation bei PwC Schweiz.

Im Einleitungsteil zu Kapitel 3 wurde festgestellt, dass Menschen ihr Verhalten – ob bewusst oder unbewusst – immer nach der Sinnhaftigkeit des eigenen Tuns ausrichten. Ein aktives „Sinnmanagement" wurde aus diesem Grund als ein zentraler Bestandteil der leistungsorientierten Unternehmensführung identifiziert.

Für diejenigen Leser, die direkt mit diesem Kapitel in die Lektüre des Buches einsteigen, werdem die Kernaspekte des Sinnmanagements verkürzt zusammengefasst:

• Jede Person handelt, aus der eigenen Perspektive heraus betrachtet, immer sinnvoll, d.h. sie tut das, was für sie naheliegend ist. Ein externer Beobachter mag den Sinn einer Handlung von außen betrachtet vielleicht nicht direkt erkennen, aus Sicht des handelnden Mitarbeiters sind die Beweggründe jedoch immer erklärbar.

- Der Sinn einer Entscheidung oder Handlung bemisst sich immer an der durch die Entscheidung/Handlung bewirkte Annäherung an ein gewünschtes Ziel, d.h. letztlich am Nutzen, den die Person davon hat.
- Damit liegt es in der Verantwortung jedes Unternehmens und jeder Führungskraft, die Ziele der Organisation so zu definieren und zu kommunizieren, dass den Empfängern deutlich wird, inwieweit die Unterstützung dieser Ziele der Realisierung einer besseren Zukunft dient – und zwar aus Sicht dessen, der zur Zielerreichung beitragen soll.

Neben diesem auf Erkenntnis des Handlungsbeitrags beruhenden und damit alleine vom Individuum abhängigen Ansatz, kann ein Unternehmen jedoch auch aktiv und von außen in die Sinnverarbeitung von Mitarbeitenden eingreifen. Gewünschte Ergebnisse oder bestimmte Verhaltensweisen können bspw. dadurch in ihrer Attraktivität gesteigert werden, in dem diese mit monetären oder nichtmonetären Anreizen aufgewertet werden. Nicht tolerierte Verhaltensweisen oder unterwünschte Ergebnisse können demgegenüber sanktioniert und damit für die personenindividuelle Abwägungsentscheidung abgewertet werden.

Wie der Beitrag von Remo Schmid zeigt, haben Unternehmen bei der Ausgestaltung effektiver Lohn- und Anreizsysteme eine große Bandbreite an Verfahren und Modellen zur Auswahl. Sie müssen dabei aber auch immer einige kritische Erfolgsfaktoren beachten, damit das entsprechende Anreizsystem seine maximale Effektivität entfalten kann und der Mitarbeiter das gewünschte Verhalten dann auch tatsächlich zeigt.

Damit die Mitarbeiter eines Unternehmens ein gewünschtes Verhalten oder neutraler, eine bestimmte Leistung dauerhaft zeigen, müssen diese aber auch über die erforderlichen Voraussetzungen zur Leistungsentfaltung verfügen. Vor allem bei den Top-Führungskräften bezieht sich dies nicht nur auf die informationstechnologische Unterstützung oder auf die in der klassischen Führungslehre seit Jahrzehnten geforderten Schlüsselkompetenzen der Fach-, Methoden-, Sozial- und Persönlichkeitskompetenz.[1] Durch die sich dynamisch verändernde Arbeitswelt und die damit einhergehende zunehmende Belastung ist es unumgänglich, dass gerade die höheren Kader individuelle „Human-Strategien" einsetzen, um dauerhaft und nachhaltig die erforderliche Leistung abrufen zu können.

Modernes Management lässt sich heute in vielen Aspekten mit Hochleistungssport vergleichen und entsprechend lassen sich viele Leistungsprinzipien aus dem Spitzensport in das moderne Management über-

---

[1] Withauer, Führungskompetenz und Karriere, 2011.

tragen. Fragt man Spitzenathleten wie Roger Federer nach überragende Erfolgen nach den entscheidenden Faktoren für den aktuellen Sieg, antwortet er wie die meisten nicht mit (fach-)technischen Begründungen wie „meine Rückhand ist noch präziser wie die meines Gegners" sondern meist mit Aussagen, dass sie dem Gegner mental überlegen gewesen seien oder dass sie trotz der widrigen Umstände ihr volles Potential hätten abrufen können.

Der Beitrag von Jogi Rippel vertieft diese komplexe Problemstellung und zeigt modernste Leistungsstrategien um von einer im besten Fall durchschnittlichen zu einer „Sustainable High Performance" zu gelangen.

Executive Performance: Wie Top-Führungskräfte nachhaltig Spitzenleistungen erbringen können

- Leistungsdruck, Komplexität und Geschwindigkeit fordern Executives mehr denn je. 95 % der Executives leisten nicht das, was sie leisten könnten.

- Energie, Belastbarkeit, Resilienz, mentale Leistungsfähigkeit und Kapazität sind das Fundament für Sustainable High Performance.

- Ob Führungskräfte im Mittelmaß steckenbleiben oder ihr volles Potenzial entfalten, wird durch ihre Gewohnheiten bestimmt.

- **Der Autor**

Jogi Rippel, CEO der TIGNUM AG.

1 Rezession des menschlichen Potenzials

1.1 Vom Worst Case Burn-out ...

Die Herausforderungen, wirtschaftlichen Erfolg zu generieren, sind aktuell komplexer, volatiler und unvorhersehbarer denn je. Gleichzeitig sehen wir eine Rezession des menschlichen Potenzials. Es ist eine Krise rückläufiger Energie, Leidenschaft und innerer Kraft unter den Führungskräften.

Burn-out bei Spitzenmanagern

Die Burn-out-Rate unter Spitzenmanagern ist heute höher denn je. Berichten zufolge litten 30-50 % der Arbeitnehmer weltweit vor einigen Jahren an berufsbedingtem Stress oder Burn-out. Heute mehren sich die Burn-out-Fälle auf der ganzen Welt. Alleine in den USA werden die Kosten, die Unternehmern durch arbeitsbedingten Stress entstehen, auf über 200 Mrd. Dollar pro Jahr geschätzt.

Die Entwicklung der Technologie über die letzten 20 Jahre hat sich in einem atemberaubenden Tempo vollzogen und die Ansprüche, die an Topmanager und Führungskräfte gestellt werden, übersteigen die physiologischen Fähigkeiten des Menschen. Einfach ausgedrückt: Wir sind für unsere jetzige Arbeitsweise nicht geschaffen.

Vorsorge und Therapie unzureichend

Erschwerend kommt hinzu, dass die derzeitigen Methoden zur Bewältigung der Nebeneffekte dieser enormen Herausforderungen, mit denen sich Führungskräfte konfrontiert sehen, ebenfalls unzureichend sind. Es gibt durchaus eine Reihe ausgezeichneter medizinischer und Wellness-Programme, die jedoch eher die Symptome und nicht die Ursache behandeln. Diese Programme bewähren sich bei der Früherkennung von Krankheiten, der Aufklärung von Mitarbeitern über ungesunde Gewohnheiten und der Senkung von Krankenversicherungsleistungen – sehr wichtige Kriterien, keine Frage. Ziel sollte es jedoch sein, in größeren Dimensionen zu denken, denn Gesundheit alleine ist kein Garant für Hochleistung von Führungskräften und deren Teams.

Die unbequemste Wahrheit ist, dass die Mehrzahl der Topmanager über keinen Plan zur Optimierung ihrer eigenen Sustainable High Performance verfügt.

Was ist, wenn Führungskräfte zwar die Bereitschaft und den Drive zur Bewältigung ihrer Herausforderungen haben, jedoch schlichtweg zu erschöpft sind? Ihr Akku ist leer, ihr Gehirn benötigt mehr Sauerstoff, ihre Zellen hungern nach Vitalstoffen, ihr Arzt verschreibt ihnen Medikamente gegen Schlafstörungen, Depression, Bluthochdruck, Erektionsstörungen und Magengeschwüre.

Sie sind zur Nebenwirkung, zum Opfer der neuen Unternehmenswelt geworden mit ihrer Rund-um-die-Uhr-Erreichbarkeit, ihren endlosen

Meetings, Massen an E-Mails und SMS, unrealistischen Aktionärs-
erwartungen und dem großen Konkurrenzkampf beim Erklimmen der
nächsten Stufe auf der Karriereleiter. Ihr größtes Kapital sind sie selbst
und ihre Gewohnheiten werden bestimmen, ob sie im Mittelmaß
steckenbleiben oder ihr volles Potenzial entfalten. Was aber, wenn die
größte Krise, die sie bewältigen müssen, ihre eigene Energiekrise ist, die
Krise der Energie, die sie brauchen, um Dinge zu bewegen – in ihren
Teams, ihren Unternehmen, ihren Familien?

Eine stabile gesunde Basis aus persönlicher Energie, Belastbarkeit,
Resilienz, mentaler Leistungsfähigkeit und Kapazität ist die Ausgangs-
plattform für Sustainable High Performance. Ohne diese Basis sind alle
anderen effektiven Geschäfts- und Führungsstrategien nicht voll umsetzbar.

1.2   ... zur Best Case Sustainable High Performance

Sustainable High Performance ist ein Zustand höchster Motivation –
geprägt durch hohes Selbstwertgefühl, enthusiastische Bereitschaft, jede
Herausforderung souverän zu bewältigen, und ein Maximum an
körperlicher Energie. Sustainable High Performer werden als präsent,
geerdet, zugänglich und fokussiert empfunden. Sie handeln mit Augen-
maß, initiieren innovative Lösungen und maximieren damit ihren
Einfluss auf ihr Team, ihr Unternehmen, ihre Marke und die Welt.

Das klingt einfach, ist es aber leider nicht. Es erfordert eine erstaunliche
Menge Arbeit, Energie und Commitment, um sich selbst wirklich zu
verstehen und jeden Tag Bestleistungen zu erbringen. Oft haben
Führungskräfte dafür nicht die Energie. Allzu oft versuchen sie einfach,
sich über Wasser zu halten, um den täglichen Anforderungen gerecht zu
werden.

In unserer Arbeit mit Tausenden von Führungskräften hat sich gezeigt,
dass diese in eine von drei Kategorien fallen. Sie bewegen sich auf eine
schwere Krise zu (Sinker), in angenehmer Dumpfheit nutzen sie nur
einen Bruchteil ihrer eigentlichen Leistungsfähigkeit (Floater) oder sie
sind Sustainable High Performer (Swimmer).

▨ Ein Sinker ...

* erbringt Leistungen auf Niedrigniveau/geringe Produktivität;
* nimmt Körpersignale nicht wahr (Ermüdung und Schlaf- oder Verdauungsprobleme);
* leidet unter Schmerzen und Beschwerden ungeklärter Ursache;
* arbeitet immer härter, wird aber immer unproduktiver;

- kann den Arbeitsanforderungen nicht gerecht werden, fühlt sich unter Druck;
- hat Beziehungen für die Arbeit geopfert;
- ist sich seiner unproduktiven Low Performance Habits nicht bewusst;
- ignoriert persönliche Nachhaltigkeit, bis es zur Krise kommt;
- hat ständig das Gefühl, kurz vor dem Untergang zu stehen;
- hat keine Strategie für seine persönliche Sustainable High Performance;
- sieht keinen Sinn/Wert darin, seine persönliche Performance zu planen;
- hat keine Vorstellung davon, welche Gewohnheiten Einfluss auf seine Energie, Resilienz, mentale Performance und Kapazität haben.

Ein Floater ...

- erbringt Leistungen auf mittelmäßigem Niveau bzw. mäßige Produktivität;
- nimmt gelegentlich Körpersignale wahr (Ermüdung, Schlaf- oder Verdauungsprobleme);
- neigt hin und wieder zu High-Performance-Produktivität;
- benutzt Zeitmangel als Vorwand, warum er nicht mehr in seine persönliche Nachhaltigkeit investiert;
- nimmt ständigen Druck, Termine und Wandlungsprozesse als einen endlosen Kampf wahr;
- stellt berufliche Nachhaltigkeit über persönliche Nachhaltigkeit und opfert dafür manche Beziehungen;
- ist sich unproduktiver Low Performance Habits bewusst, ändert diese jedoch aufgrund seines geringen Bewusstseins für sein Leistungspotenzial nicht;
- glaubt, dass alles, was ihm in der Vergangenheit zu persönlichem Erfolg verhalf, auch in Zukunft Erfolg bringen wird;
- hält den Status quo für den „Besser geht's nicht"-Zustand;
- plant und investiert nicht in persönliche Sustainable High Performance;
- begreift Sustainable High Performance als *nice to have* anstatt als strategisches MUSS.

Ein Swimmer ...

- erbringt stets Leistungen auf höchstem Niveau;
- nimmt bewusst die inneren und äußeren Warnsignale eines „niedrigen Akkustandes" wahr;

- hat einen hohen Energiepegel und lädt andere mit Energie auf;
- arbeitet smart und nicht nur hart;
- sieht Druck, Fristen und Veränderungsprozesse als willkommene Herausforderung, plant aber auch Zeit für Regeneration ein;
- pflegt harmonische berufliche und private Beziehungen;
- optimiert ständig seine Gewohnheiten und arbeitet auf volle Potenzialausschöpfung hin;
- zeigt selbst nach Rückschlägen große Resilienz;
- sieht das Leben voller Chancenreichtum und macht sich diesen zunutze;
- plant und investiert in persönliche Nachhaltigkeit und baut ein persönliches Vitalitätspolster für den Krisenfall auf;
- erkennt Sustainable High Performance als strategisches MUSS an.

Im Rahmen unserer Untersuchungen (diagnostische Test, u.a. Bluttests, Stresstests, Verhaltensmuster) mit über 2.000 Führungskräften sind wir zu der Einschätzung gelangt, dass ungefähr 95 % von ihnen derzeit entweder floaten (80 %) oder sinken (15 %). Das bedeutet, sie leisten nicht das, was sie leisten könnten; sehr wahrscheinlich kosten sie ihr Unternehmen sogar Geld. Das ist alarmierend, wenn man die Investitionen bedenkt, die ein Unternehmen in Form von Gehältern, Zusatzleistungen und Entwicklung in seine Führungskräfte steckt. Diese Zahlen bedeuten „schwierige Zeiten" für jedes Unternehmen, unabhängig von den konjunkturellen Rahmenbedingungen.

Während es Statistiken gibt, die versuchen, den durch Burn-out entstandenen Produktivitätsverlust zu schätzen, existieren keinerlei Messwerte für die Kosten, die aufgrund nur mäßiger Leistungen eines großen Teils der Führungskräfte (der nur versucht, sich über Wasser zu halten) verursacht werden. Hierbei handelt es sich um Executives, die den Blick dafür verloren haben, wie High Performance aussieht und sich anfühlt. Noch schlimmer – sie realisieren gar nicht, dass das Leben besser sein kann. Sie leiden an Beziehungsmüdigkeit, die die Energie, Produktivität und Kultur von High-Performance-Teams vernichtet.

2 Was hindert Führungskräfte und Organisationen am Handeln?

In unserer Zusammenarbeit mit Unternehmen weltweit erleben wir geradezu ein Bombardement an positiven Reaktionen hinsichtlich des Bedarfs an Strategien für Sustainable High Performance in Unternehmen. Führungskräfte überschütten uns mit Geschichten über leitende

Mitarbeiter in ihren Organisationen, die im Sinken begriffen sind. Schlimmer noch: Sie sehen auch die negativen Veränderungen, im Laufe derer mehr und mehr Führungskräfte große Mühe haben, sich gerade noch über Wasser zu halten. Trotz dieser Erfahrungen und Sorgen treffen wir bei Führungskräften noch immer auf Widerstand, aktiv zu werden und etwas dagegen zu unternehmen. Dieser Widerstand ist nicht rational nachvollziehbar, sondern eher gewohnheitsmäßig – ein Reflex, der aus der natürlichen Verteidigung des Status quo resultiert und grundsätzlich jede neue Idee, jede Veränderung und jedes neue Programm ablehnt.

In Zusammenhang mit diesem Widerstand haben sich einige Trends herauskristallisiert, die wir in fünf grundlegende Kategorien unterteilt haben und die im Folgenden beschrieben werden sollen:

- die Shareholder-Value-Hürde,
- die „Schwierige Zeiten"-Hürde,
- die Incentive-Hürde,
- die ROI-Hürde,
- die Wahrnehmungshürde.

2.1 Shareholder-Value-Hürde

Gewinn steigern, Kosten senken

Dies ist wahrscheinlich die am schwersten zu überwinden Hürde, weil die treibenden Kräfte dahinter nicht immer rational sind. So wie die Aktienkurse von den Emotionen des Markts beeinflusst werden, stehen Führungskräfte ständig unter dem Druck, den Shareholder Value zu steigern. Das gängige Mantra lautet: Gewinn steigern, Kosten senken, eine überzeugende Erfolgsstory entwickeln – und das alles möglichst gestern. Selbst wenn Unternehmen die Gewinnprognosen erfüllen, gibt es keine Garantie, dass die Aktionäre positiv darauf reagieren. Diese irrationale und bisweilen unberechenbare Beziehung kann einen CEO und seinen Vorstand in den Wahnsinn treiben. Diese Konfusion kann zu Entscheidungen führen, die den unmittelbaren Stress erhöhen, nur um kurzfristige Gewinne zulasten einer langfristigen Sustainable High Performance zu erzielen.

Wir sind davon überzeugt, dass Sustainable-High-Performance-Strategien Aktionären nicht nur die besten Chancen auf kurzfristigen, sondern auch die einzige Chance auf nachhaltigen Erfolg bieten. Dafür brauchen Unternehmen produktivere Teams, die an kritischen Projekten arbeiten. Die Steigerung des Shareholder Value sollte auch eine verbesserte Produktivität in allen Unternehmensbereichen – von der Forschung und Entwicklung bis zur Produktion, zu Marketing und Verkauf –

beinhalten. Produktivitätssteigerung erfordert Energie, Leidenschaft, Kreativität, perzeptives Denken, Fokus, Innovation, Resilienz und Kapazität. Jedoch nur wenige Unternehmen investieren strategisch in diese Qualitäten oder entwickeln diese innerhalb ihrer Führungskader, ihrer Unternehmenskultur und ihrer Belegschaft.

Im Rahmen unserer Arbeit lautet ein immer wiederkehrendes Thema bei unseren Kunden, dass das Leben in den meisten Großunternehmen psychisch belastend, ja geradezu toxisch ist. Oft finden sich Führungskräfte in No-win-Situationen wieder, indem sie versuchen, mit weniger mehr zu erzielen und damit ins Leere laufen.

Das ist der Grund, warum die Kurzschlussreaktion, in schwierigen Zeiten als Erstes die Programme zur Mitarbeiterentwicklung zu kürzen, alles andere als sinnvoll ist. Bernhard Lobmüller, IBM-Führungskraft im Ruhestand, stimmt dem zu: *„Sustainable-High-Performance-Programme sollten der vorletzte Budgetposten sein, der gekürzt wird. Der letzte ist das Toilettenpapier."*

2.2 „Schwierige Zeiten"-Hürde

Diese Hürde kommt besonders in schweren Zeiten zum Tragen, ist jedoch immer eine beliebte Ausrede, ganz gleich, in welchem Wirtschaftsklima. Unternehmen erleben ständig schwierige Zeiten. Schwierige Zeiten, weil die Treibstoffpreise hoch sind, schwierige Zeiten, weil das Unternehmen mitten in einer Restrukturierung oder Umrüstungsphase steckt, oder schwierige Zeiten, weil gerade ein neuer CEO das Ruder übernommen hat und alles umkrempelt.

Wenn wir mit Führungskräfte eines Unternehmens über die Notwendigkeit von Sustainable High Performance diskutieren, ziehen diese irgendwann unweigerlich die Schwierige-Zeiten-Karte. Jetzt ist wirklich nicht der richtige Zeitpunkt, um diese Option zu diskutieren, sagen sie, weil wir uns in sehr schwierigen Zeiten befinden. Das Problem ist, dass genau **jetzt** der richtige Zeitpunkt für die Erörterung von Sustainable High Performance ist, denn wenn Sie dieses Thema jetzt nicht angehen, werden die Zeiten in Zukunft noch schwieriger.

Dauerzustand „Schwierige Zeiten"

Denken Sie über folgendes Beispiel nach, wenn Sie Ihre schweren Zeiten bewerten:

Wenn ein Gebäude brennt und Sie die Feuerwehr anrücken sehen, dann atmen Sie erleichtert auf, weil Sie wissen, dass Hilfe naht. Doch was ist, wenn der Löschzug unterbesetzt ist, die Feuerwehrleute schlecht ausgebildet, körperlich erschöpft, geistig unvorbereitet oder einfach völlig ausgebrannt sind?

Nur weil Sie einen Löschzug anrücken sehen, heißt das noch lange nicht, dass die Menschen in dem brennenden Gebäude gerettet werden oder dass das Feuer auf effektivste und produktivste Weise gelöscht wird. Sicher, irgendwann erstirbt jedes Feuer. Bis dahin brennt manche Feuersbrunst aber vier Häuserblöcke nieder, setzt giftige Chemikalien frei und tötet viele Menschen.

Auch für Unternehmen gilt, dass jedes Feuer irgendwann von alleine ausgeht. Wir fragen Sie jedoch: zu welchem Preis? Wenn man schwierige Zeiten überstehen und schwimmen will (High Performance und Profitabilität) statt unterzugehen, setzt das voraus, dass die Menschen, die das Feuer löschen sollen, High Performers sind. D. h., Sie müssen in eine solide Grundlage investieren, um deren Energie, Resilienz, mentale Performance und Kapazitäten aufzubauen.

2.3 Incentive-Hürde

High Performer verdienen eine entsprechende Vergütung ihrer harten Arbeit und ihrer Beiträge zum Unternehmenserfolg. Hier kommen die Incentives ins Spiel, die viele Unternehmen bieten, um ihre Führungskräfte zur Erfüllung der finanziellen bzw. der Performance-Ziele zu inspirieren. Hochkarätige Konferenzen oder sogar Teamaufenthalte in luxuriösen Hotels sind keine Seltenheit. In guten Zeiten fielen die meisten dieser Incentive-Pakete nicht weiter auf und waren sozialverträglich. Die Zeiten haben sich jedoch geändert und die Öffentlichkeit (inklusive Aktionäre) nimmt diese Zuwendungen heute genau unter die Lupe. Doch wer bestimmt, was großzügig oder übertrieben, was ein Incentive und was zur Steigerung der Performance absolut notwendig ist?

Incentives sind strategische Notwendigkeit

In Ermangelung eindeutiger Kriterien nehmen viele Unternehmen den Alles-oder-nichts-Standpunkt ein. Eine kurzsichtige Entscheidung, die dem Unternehmen, den Aktionären und in bestimmten Fällen der gesamten Wirtschaft gewaltige Kosten in Form vergebener Performance verursachen. Wenn viel auf dem Spiel steht und High Performance ein Muss ist, müssen Unternehmen in die High Performance ihrer Führungskräfte einzahlen. Diese Investitionen sind kein Incentive, sondern eine strategische Notwendigkeit.

Viele Topmanager erkennen, dass ihre Führungsteams aufgrund des übergroßen Drucks und fehlender Strategien für Sustainable High Performance definitiv zu Sinkern werden. Das Dilemma, so sagen sie, ist jedoch, dass die Teilnahme an einem zweitägigen Sustainable-High-Performance-Workshop Grund zur Annahme geben könnte, das Team würde sich auf Kosten des Unternehmenserfolgs einen schönen Lenz in einem schicken Hotel machen.

Führungskräfte werden dafür bezahlt, harte Entscheidungen zu treffen und diese zu verfechten. Das gilt selbst für schwierige Zeiten und auch unter scharfer Beobachtung seitens der Öffentlichkeit. Nach unserer Meinung gibt es keine wichtigere Entscheidung als die Investition in Sustainable High Performance, des wertvollsten Vermögenswerts eines Unternehmens – seine Mitarbeiter und Führungskräfte. Das ist kein großzügiger Incentive, sondern ein strategischer Imperativ.

2.4   RoI-Hürde

Die Messung des RoI (Return on Investment) ist eine große Herausforderung. Wie Einstein es so trefflich ausdrückte: *„Nicht alles, was zählt, lässt sich zählen. Und nicht alles, was sich zählen lässt, zählt."* Denken Sie an Führungsentwicklungsprogramme oder High-Potential-Programme. Funktionieren diese Programme? Wie wissen Sie das? Der einzige Weg, der Ihnen wirklich Sicherheit bietet, ist die Durchführung kontrollierter Studien mit Gruppen, die an diesen Schulungen teilgenommen, und anderen, die nicht daran teilgenommen haben. Wie oft kann sich ein Unternehmen solche Studien leisten? Das Problem ist, dass die meisten Unternehmen extrem dynamisch sind und nicht plötzlich alles anhalten können. Etwa so wie ein Flugzeug, das ständig im Einsatz ist und daher nicht zur Wartung landen kann, sondern im Flug gewartet werden muss.

In ihrem Buch „Beyond HR: The New Science of Human Capital" untersuchten John W. Boudreau und Peter M. Ramstad die Herausforderungen, die mit Standardverfahren zur Messung des Return on Investment verbunden sind. Sie sind u.a. zu dem Ergebnis gelangt: *„Typische ROI-Berechnungen betrachten isoliert jeweils eine Investition in das Humankapital und lassen unberücksichtigt, wie diese Investitionen als Portfolio zusammenwirken. Schulung kann Wert generieren, der über die Kosten hinausreicht, aber wäre dieser Wert nicht noch höher, wenn er mit den richtigen, auf den Schulungsergebnissen basierenden Investitionen in individuelle Incentives verbunden wäre? Das Verständnis des Return on Investment und seine Platzierung in einen Entscheidungskontext erfordert einen Rahmen, der zwischen Effizienz, Effektivität und Wirkung unterscheidet und diese miteinander integriert."*

RoI misst nicht alles

Lässt sich der RoI einer Optimierung der Energie, der Resilienz, der mentalen Performance und der Kapazitäten von Führungskräften und ihren Teams messen?

Typische
Störfaktoren

Wir glauben, dass es einen Weg gibt, aber wir räumen auch ein, dass es eine Vielzahl von Störfaktoren gibt. Erstens sind diese Faktoren die Grundlage aller Performance. Daher lassen sie sich nur schwer isoliert von allen anderen Arten der Performance-steigernden Programme wie Führungsentwicklung, Training der Verhandlungsfähigkeiten und Projektmanagementschulung messen. Zweitens wird die Unternehmensperformance von zahlreichen externen Faktoren, wie z. B. der Wirtschaftslage, Welteireignissen, Schwankungen am Aktienmarkt und den Kosten von Materialien und Treibstoff beeinflusst. Wie lassen sich diese Faktoren in der RoI-Berechnung berücksichtigen?

Im Jahr 2010 arbeiteten wir mit einem globalen HR-Führungsteam. Das Unternehmen befand sich in einer sehr angespannten Lage, nämlich inmitten einer umfassenden Restrukturierung, die mit einem massiven Stellenabbau und einem komplexen Outsourcing einiger zentraler Personalfunktionen einherging. Die Belastung war enorm und mehrere Teammitglieder standen kurz vor dem Burn-out. Der Leiter des Teams brachte Tignum ins Unternehmen, weil er Sorge hatte, dass sich die Situation weiter zuspitzen würde.

Fast vier Jahre später fragten wir diesen Teamleiter, ob unsere Arbeit für das Team von Nutzen war. Zunächst machte er eine Pause und antwortete dann ehrlich, dass er sich nicht wirklich sicher sei. Nach kurzem Nachdenken sagte er: *„In den letzten drei Jahren sind die Anforderungen an mein Team drastisch gestiegen – sowohl was das Tempo als auch die Verantwortlichkeit angeht. In diesen höchst schwierigen Zeiten zeigt mein Team jedoch herausragende Leistung. Alle haben mehr Energie, Leidenschaft für ihre Arbeit, sie sind engagiert und gesund. Die Sustainable-High-Performance-Strategien haben dabei definitiv eine große Rolle gespielt.“*

Die wichtigsten
Fragen

Wir glauben, der RoI sollte auf eine Art und Weise gemessen werden, die genauere und zutreffendere Ergebnisse liefert. Die vielleicht wichtigsten Fragen lauten jedoch:

- Wie gut arbeiten Sie (und Ihre Teammitglieder), wenn Sie wenig Energie haben, erschöpft sind, ihr Gehirn nicht optimal funktioniert und Sie sich nicht konzentrieren können?
- Welche Kosten verursacht es Ihrem Team bzw. Ihrer Organisation, wenn Ihre Führungskräfte Low Performer sind?
- Welcher Nutzen erwächst Ihrem Unternehmen, wenn der Führungskader aus Sustainable High Performern besteht?
- Was passiert, wenn Ihre wichtigsten Führungskräfte einen Burn-out erleiden? Was passiert mit dem Aktienkurs Ihres Unternehmens? Was

passiert mit der Arbeitsmoral und der Produktivität Ihres gesamten Teams?

2.5 Wahrnehmungshürde

Fast jede Führungskraft muss umfassende Kostensenkungen durchführen. Das bedeutet üblicherweise, dass der von Vorstand oder CEO ausgeübte Druck aufgefangen werden muss und die Strategien zur Kostensenkung über das gesamte Team umgesetzt werden müssen. Diese Einschnitte stellen für alle Beteiligten häufig eine große Herausforderung dar.

Gleichzeitig wissen gute Führungskräfte, dass sie etwas unternehmen sollten, um ihre Teams zu entwickeln, zu unterstützen und zu vitalisieren. Unglücklicherweise könnte die Bremsung des Arbeitstempos dieser Teams selbst für nur zwei Tage, in denen in ihre Sustainable High Performance investiert wird, als das genaue Gegenteil von Kostensenkung ausgelegt werden. Auch wenn eine solche Maßnahme zu einer echten Verbesserung der Team-Performance führt und die Kosten mittelmäßiger Produktivität senkt, haben viele Führungskräfte Bedenken. Sie fürchten sich davor, als schwach oder als jemand wahrgenommen zu werden, der Geld ausgibt, wo doch gespart werden soll, und Pausen macht, wo die Anforderungen doch gerade so hoch sind. Einige Führungskräfte teilten uns im Vertrauen mit, dass ihnen bewusst ist, dass sie in ihre Führungskräfte und ihre Teams investieren müssten, um Swimmer aus ihnen zu machen, aber wenn sie das tun, werden sie gefeuert. Und wir fragen: Ist das nur subjektive Wahrnehmung oder Realität?

Werden HR-Investitionen kritisch gesehen?

3 Kritische Selbstüberprüfung

Was sind Sie bereit zu unternehmen, um die Performance und die Nachhaltigkeit Ihrer Teams zu verbessern?

Vielleicht stellen Sie folgende Überlegungen an: Welche Wahrnehmung haben Ihre Kunden, Aktionäre und strategischen Partner von Ihrem Unternehmen, wenn Ihre Führungskräfte Floater sind? Welchen Nutzen in Bezug auf Ihre Marken und Mitarbeiterrekrutierung hätten Sie, wenn Ihr Unternehmen als Swimmer wahrgenommen würde? Erfolgreiche und nachhaltige Topmanager wissen, dass sie die Investitionen, die sie in die Sustainable High Performance ihrer Organisation tätigen, publik machen sollten, anstatt sie zu verstecken.

In den letzten 20 Jahren vollzog sich eine gewaltige Evolution der Unternehmenstechnologie, die zu größerer Effizienz und zu einem drastischen Produktivitätsanstieg führte. Heute müssen wir an der Optimierung der menschlichen Performance und der Unternehmenskultur arbeiten. Selber zum Swimmer zu werden ist wichtig, aber eine Swimmer-Unternehmenskultur zu schaffen ist der einzige Weg, sich in dieser wettbewerbsintensiven Welt zu behaupten.

Anhand der nachfolgenden Beschreibungen einer Kultur der Sinker, Floater oder Swimmer können Sie die Dinge bestimmen, die Sie in Ihrer Organisation ohne große Mühe verändern können, um sich mehr in Richtung Swimmer zu orientieren. Mit dem eminent wichtigen Schritt vom Wissen zum Tun können Sie ein gewaltiges organisatorisches Potenzial freisetzen.

Sinker **Ihr Unternehmen hat eine Kultur der Sinker, wenn …**

- das Team-Mindset negativ und problemorientiert ist;
- die Führungskräfte Negativität fördern, indem sie sie ignorieren oder teilen;
- die Führungskräfte auf ein 4-Augen-Feedback verzichten und stattdessen mittels Gerüchten Kritik üben;
- viele Mitarbeiter sich mit Kaffee aufputschen, um den Arbeitstag zu überstehen;
- das Unternehmen ausschließlich stark zuckerhaltige oder industriell verarbeitete Snacks anbietet;
- die Meetings im Allgemeinen lang und unproduktiv sind, keine Pausen eingeplant werden und die Teilnehmer abgelenkt und desinteressiert sind;
- die Führungskräfte Regenerationspausen als Zeichen von Faulheit oder Schwäche bewerten
- die Arbeitsumgebung Individualismus statt Kooperation fördert
- die Führungskräfte persönliche Innovation und positive Veränderungen Einzelner kritisieren, anstatt sie zu unterstützen;
- niemand rechenschaftspflichtig ist;
- der Fokus auf Beschäftigung und nicht auf Ergebnissen liegt;
- Programme zur persönlichen Entwicklung und zur Erzielung von Sustainable High Performance in schwierigen Zeiten als Erstes gestrichen werden;
- das Mission Statement behauptet, die Mitarbeiter genössen Priorität, aber alle Handlungen des Unternehmens das Gegenteil beweisen.

Ihr Unternehmen hat die Kultur eines Floaters, wenn … Floater

- ein fluktuierendes Team-Mindset besteht, das sich von einem Augenblick zum andern verändert;
- die Führungskräfte von Vertrauen und Empathie sprechen, ihr Verhalten dem aber oft widerspricht;
- die Führungskräfte von der Bedeutung eines authentischen Feedbacks sprechen, es dann aber kritisieren;
- Snacks für Meetings nach Bequemlichkeits- oder Kostenkriterien ausgewählt werden, anstatt aufgrund ihrer Wirkung auf die Performance der Teilnehmer;
- die Führungskräfte von Mittagspausen ohne Arbeit sprechen, dann aber Working Lunches anberaumen oder erwarten;
- Diskussionen über produktivere und strategischere Meetings geführt werden, jedoch dann keine konsequenten Taten folgen;
- Regenerationsräume zwar zur Verfügung gestellt, die Mitarbeiter aber nicht zur Nutzung ermutigt werden;
- die Führungskräfte Konflikten möglichst aus dem Weg gehen;
- die Führungskräfte darüber sprechen, smart statt hart zu arbeiten, dann aber Mitarbeiter kritisieren, die Pausen einlegen;
- Programme zur persönlichen Entwicklung als nette Option, aber nicht als strategischer Imperativ betrachtet werden;
- das Mission Statement besagt, die Mitarbeiter genössen Priorität, aber zahlreiche Handlungen des Unternehmens diese Aussage widerlegen;
- die Führungskräfte sich nur mit der Sustainable High Performance von Teammitgliedern beschäftigen, wenn es eine Krise im Team gibt (z.B. einen Burn-out).

Ihr Unternehmen hat die Kultur eines Swimmers, wenn … Swimmer

- das Team-Mindset positiv und lösungsorientiert ist;
- die Führungskräfte Negativität bekämpfen, indem sie sie positiv „reframen";
- die Führungskräfte authentisches und produktives Feedback erteilen;
- alle Mitglieder dazu angehalten werden, sich mental und körperlich auf Must-win-Ereignisse vorzubereiten;
- das Unternehmen Performance Nutrition unterstützt und High-Performance-Snacks anbietet;
- die Meetings hoch produktiv sind, High-Performance-Getränke und -Snacks angeboten und strategische Pausen eingeplant werden;
- für die Teammitglieder zahlreiche Gelegenheiten zur Bewegung geschaffen werden;

- die Führungskräfte erwarten und befürworten, dass ihre Teammitglieder Pausen und Power Naps einlegen;
- persönliche Innovation unternehmensweit unterstützt wird;
- die Führungskräfte Rückschläge und Veränderung als Chance begreifen;
- jeder zur Verantwortung gezogen wird und eine strikt ergebnisorientierte Arbeitsumgebung herrscht;
- die Handlungen des Unternehmens täglich demonstrieren, dass die Mitarbeiter der wichtigste Vermögenswert sind;
- ein High-Performance-Arbeitsumfeld herrscht, das Leistungsbeurteilungen und Mitarbeiter-Nutzenversprechen beinhaltet.

Will Ihr Unternehmen ein Sinker, Floater oder Swimmer sein? Das liegt ganz bei Ihnen.

Leistungsorientierte Vergütung: Zielsetzung und Instrumente

■ Eine gute Personal- und Vergütungsstrategie ist von der Unternehmensstrategie abgeleitet und hilft, die Unternehmensziele zu erreichen.

■ Die Gesamtvergütung besteht aus verschiedenen Vergütungselementen, wobei jedes Element seinen bestimmten Zweck hat.

■ Ein gut austariertes Vergütungssystem stellt einen Wettbewerbsvorteil dar und hilft, gute Mitarbeiter zu rekrutieren, zu motivieren und an die Firma zu binden.

■ Der Beitrag beschreibt die verschiedenen Vergütungselemente und zeigt anhand von praktischen Beispielen auf, wie die Instrumente in der Praxis eingesetzt werden können.

■ **Der Autor**

Remo Schmid, Partner bei PwC und verantwortlich für den Bereich HR Consulting in der Schweiz. Er berät seit mehr als 15 Jahren börsennotierte und privat gehaltene Gesellschaften rund um das Thema Vergütung mit starkem Fokus auf die Mitarbeiterbeteiligung.

1 Motivierte Mitarbeiter, flexible Kostenstruktur

Eine erfolgreiche Firma verfügt nicht nur über gute Produkte und/oder Dienstleistungen, sondern auch über motivierte Mitarbeiter. Finanzielle Anreize können helfen, gute Mitarbeiter zu finden, zu motivieren und diese langfristig ans Unternehmen zu binden. Dabei geht es auch darum, die Gesamtlohnkosten in Abhängigkeit zum unternehmerischen Erfolg zu setzen, um damit diesen Kostenblock etwas variabler zu gestalten. Mit leistungsorientierter Vergütung lassen sich diese Ziele erreichen. Nachfolgend wird aufgezeigt, wie dies umgesetzt werden kann. Zur Verdeutlichung werden praktische Fallbeispiele beschrieben.

2 Elemente der Gesamtvergütung

Eine moderne Gesamtvergütung besteht aus verschiedenen Vergütungselementen (s. Abb. 1). In der Praxis werden heute folgende fünf Elemente eingesetzt:

- Grundgehalt
- Bonus (Short-Term Incentive, STI)
- Mitarbeiterbeteiligung (Long-Term Incentive, LTI)
- Sozialversicherungen/betriebliche Altersversorgung
- Fringe Benefits

Grundgehalt reflektiert Marktwert der Funktion

Das fixe Grundgehalt bildet das Fundament einer Gesamtvergütung und sollte den Marktwert der Funktion reflektieren. Dazu werden häufig Lohnvergleiche erstellt. Damit diese Vergleiche aussagekräftig sind, ist es wichtig, Gleiches mit Gleichem zu vergleichen. Dies stellt man sicher, indem vorher eine Funktionsbewertung der Stelle durchgeführt wird, falls eine solche Einstufung nicht bereits intern verwendet wird. Da das Grundgehalt fix ist, eignet es sich nicht als Vergütungselement zur Honorierung von Leistung im Sinne des Performance Management. Klar kann man aufgrund guter Leistung befördert werden und so sein Einkommen über das Grundgehalt erhöhen. Dieser (Leistungs-)Beurteilungsprozess wird hier jedoch nicht behandelt.

Bei den Sozialversicherungen, Vorsorgelösungen und Fringe Benefits handelt es sich ebenfalls nicht um Vergütungselemente, die im Zusammenhang mit dem Performance Management eingesetzt werden. Auf diese Elemente wird deshalb nicht weiter eingegangen.

Leistungsorientierte Vergütungselemente

Die variablen Elemente einer Gesamtvergütungsstruktur bilden der Bonus sowie die Mitarbeiterbeteiligung. Da diese nicht fix, sondern variabel sind, eignen sich diese naturgemäß als leistungsorientierte Vergütungselemente im Zusammenhang mit dem Performance Management. Auch wenn beide Elemente variabel sind, so unterscheiden sich Zielsetzung und Wirkung wesentlich. Beim Bonus handelt es sich um ein Element, das grundsätzlich vergangene Leistung honoriert und deshalb retrospektiven Charakter aufweist sowie primär die individuelle Leistung der Mitarbeiter honoriert. Bei der Mitarbeiterbeteiligung hingegen handelt es sich um ein variables Vergütungselement, das in die Zukunft wirkt sowie auf langfristige Unternehmensziele ausgerichtet ist. Nur wenn z.B. der Unternehmenswert in der Zukunft höher liegt, kann über dieses Vergütungselement ein Wert realisiert werden.

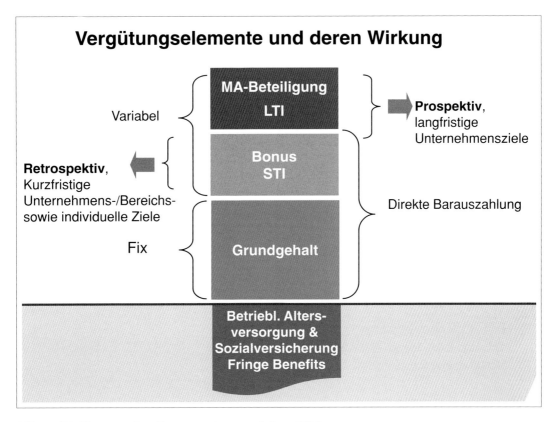

Abb. 1: Die Elemente einer Gesamtvergütung und deren Wirkung

2.1 Bonus

Der Bonus ist ein klassisches Vergütungselement, mit dem Leistung honoriert wird. Zu Beginn werden Ziele, die es zu erreichen gilt, definiert und festgehalten. Die Ziele können qualitativer oder quantitativer Natur sein. Vielfach werden beide Kategorien eingesetzt, da der Bonus vor

Bonusziele folgen der Strategie

allem auch dazu dient, individuelles Verhalten zu steuern. Zudem werden Ziele meistens auf Stufe Gruppe, Unternehmenseinheit sowie Individuum definiert. Die Gewichtung der Ziele hängt von der Funktion der Stelle ab. Je höher die Stelle in der Organisation angesiedelt ist, desto mehr gilt es, finanzielle Unternehmensziele zu erfüllen. Unabhängig von den definierten Zielen sollte man eines aber nie aus dem Auge verlieren: Die Ziele müssen von der Unternehmensstrategie abgeleitet werden und deren Umsetzung unterstützen. Nie sollte der Zielvereinbarungsprozess isoliert betrachtet werden (s. Abb. 2).

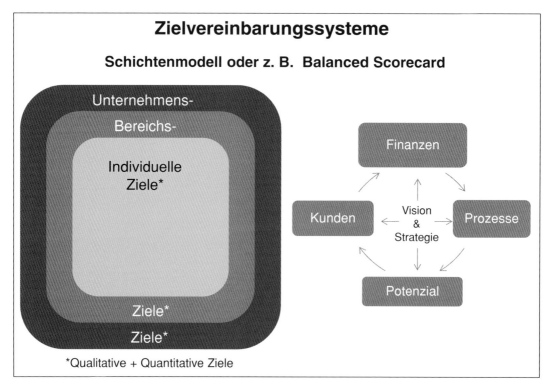

Abb. 2: Zielvereinbarungssysteme

Der Zielsetzungsprozess ist ein wichtiger, aber zugleich anspruchsvoller Prozess. Es gilt, die Mitarbeiter und vor allem das Management zu motivieren, die richtigen Unternehmensziele zu erreichen. Die Einbindung der Mitarbeiter in diesen Prozess kann bereits motivierend wirken. Des Weiteren führt der Zielsetzungsprozess zu einer verbesserten Orientierung der Mitarbeiter hinsichtlich der Ziele, die erreicht werden sollen, sowohl auf Unternehmens- als auch auf individueller Ebene. Bei der Festlegung der Ziele sollte man Folgendes beherzigen:

- strategiekonform,
- stufengerecht,
- beeinflussbar,
- herausfordernd, aber realistisch,
- konkret,
- wenige Ziele.

Auch wenn man beim Bonus von Leistungslohn spricht, misst man vielfach nicht die Leistung, sondern das Ergebnis. Dies ist nicht weiter schlimm, wenn man sich bewusst ist, dass gerade in diesem Punkt viel Frustrationspotenzial liegt. Wir alle kennen das Dilemma: Ein Mitarbeiter erbringt eine gute Leistung, aber das Ergebnis ist schlecht. Soll dieser Mitarbeiter nun einen Bonus erhalten oder nicht? Ein anderer Mitarbeiter erbringt eine durchschnittliche Leistung, das Ergebnis ist jedoch gut. Soll dieser Mitarbeiter davon profitieren können? Diese Problematik ist bei mechanistischen, formelbasierten Bonussystemen, die primär auf das Ergebnis abstellen, inhärent. Gegensteuern kann man hier nur, wenn man der Bonusberechnung ein diskretionäres (im freien Ermessen des Entscheiders liegendes) Element beifügt. Dieses erlaubt dem Vorgesetzten, die Leistung seiner Mitarbeiter mit einzubeziehen und im (Bonus-)Ergebnis zu berücksichtigen.

Großes Frustrations-potenzial

Eine weitere Herausforderung stellt sich in der Definition der Auszahlungskurve. Wie viel Bonus wird bei welcher Zielerreichung ausbezahlt? Die meisten Bonuspläne zahlen bei 100 % Zielerreichung den Zielbonus aus, der vielfach in Relation zum Grundgehalt definiert wird. Wie viel Bonus soll aber bei Unter- bzw. Übererfüllung ausbezahlt werden? Weit verbreitet sind Pläne, die nur zu einem Bonus führen, wenn Mindestziele erreicht werden. Diese Mindestziele liegen meistens bei etwa 70 % der Zielerreichung. Zudem sehen viele Pläne eine Limitierung nach oben vor. Dieser sog. Cap führt dazu, dass der Bonus ab einer gewissen Übererfüllung nicht weiter gesteigert werden kann (s. Abb. 3). Wie breit das Band zwischen Mindestziel und Cap ist, hängt auch davon ab, wie gut und verlässlich die Ziele definiert werden können. Bei einem neuen Geschäft ohne großen historischen Datenkranz darf wegen der Planungsunsicherheit mit einem eher breiteren Band gerechnet werden.

Boni sind vielfach limitiert

Auch wenn die Einführung von Mindestzielen und Caps durchaus berechtigte Gründe haben kann, sind damit auch Probleme verbunden. Kurz davor, die Mindestziele zu erreichen, kann der Mitarbeiter dazu geneigt sein, alles daran zu setzen, um diese noch zu erfüllen (mit allenfalls ungewolltem Verhalten) oder aber er glaubt nicht mehr an die Zielerreichung und Motivation und Engagement lassen nach. Ist man

Jedes Jahr eine kleine Anerkennung ...

bereits beim Cap angekommen, stellt sich auch hier die Frage nach der Motivation, noch mehr zu leisten. Daher sollten Mindestziele nicht zu hoch angesetzt werden, um den Motivationseffekt nicht negativ zu beeinflussen. Denn ein regelmäßiger Bonus, wenn auch klein, motiviert die Mitarbeiter i.d.R. mehr als ein hoher Bonus alle paar Jahre. Ein solcher wird von den Mitarbeitern vielfach als willkürlich empfunden und als Lottoschein taxiert.

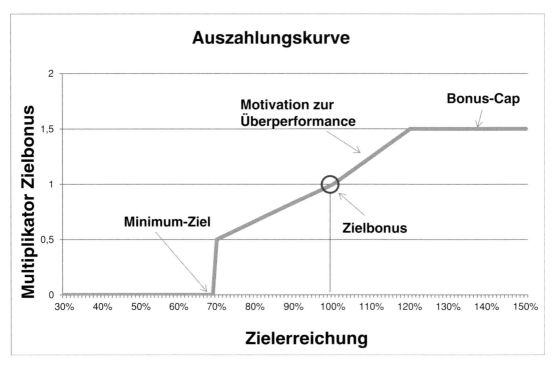

Abb. 3: Mögliche Bonus-Auszahlungskurve

Neben Mindestziel und Cap gilt es, die Auszahlungskurve in und zwischen diesen beiden Punkten zu fixieren. Wie viel Bonus wird ausbezahlt, wenn das Mindestziel erreicht ist und welcher Betrag ist fällig beim Cap? Was wird bei einem Ergebnis ausbezahlt, das dazwischenliegt? Es macht durchaus Sinn, die Steigung der Kurve nach der Zielerreichung steiler anzulegen als die Kurve bis dahin. Damit wird ein monetärer Anreiz geschaffen, die definierten Ziele zu übertreffen (s. Abb. 3). Wie bereits gesagt, sollten Mindestziele nicht zu hoch angesetzt werden. Besser ist es, die Kurve früher, dafür weniger steil ansteigen zu lassen.

Wenn Ziele gesetzt werden, muss die Zielerreichung entsprechend evaluiert werden. Dazu wird ein verlässliches Zielsetzungs- und Beurteilungssystem benötigt. Ist dieses nicht vorhanden, sollten formelbasierte, mechanistische Bonussysteme mit Vorsicht oder besser gar nicht eingeführt werden, da der Mitarbeiter das Bonussystem als „Black Box" wahrnehmen würde und es somit seine beabsichtigte Wirkung kaum entfalten könnte. Der Nutzen eines solchen Beurteilungssystems wächst jedoch nicht mit der Komplexität der eingesetzten Tools. Viel wichtiger ist es, dass der Prozess gelebt wird. Je nach Größe der Unternehmung können einfache Excel-Tabellen einen sehr guten Dienst leisten (s. Abb. 4).

Verlässlichkeit ist wichtig

Leistungsbeurteilungsformular

	Positive Kommentare	Negative Kommentare	Rating (1 = herausragend, 5= ungenügend)				
			1	2	3	4	5
Arbeitsverhalten	• Engagiert • Motiviert • Informiert	• Ungenau • Flüchtigkeitsfehler • Unselbstständig		✖			
Leistung	• Schnell, effizient • Umsatzziele erreicht	• Unpünktliche Lieferung • Qualität stimmt nicht • Quantitative Ziele nicht erreicht				✖	
Kommunikation	• Freundlich • Höflich • Verständlich	• Schroffer Umgangston • Unfreundlich	✖				
Team	• Unterstützt andere • Teilt Wissen aktiv	• Üble Nachrede • Mobbing • Nicht-Grüßen				✖	

Abb. 4: Muster eines Leistungsbeurteilungsformulars

Ein 1-jähriges Bonussystem kann nicht verhindern, dass ein Bonus aufgrund von Ergebnissen ausbezahlt wird, die nicht nachhaltig sind. Denn der Bonus ist vergangenheitsorientiert und reflektiert grundsätzlich das abgelaufene Jahr. Ein jährliches Bonussystem kann auch Anreize schaffen, Ergebnisse zu beschönigen oder gar zu manipulieren, um eine Auszahlung zu erhalten. Um diesen unerwünschten Effekten entgegenzuwirken, kann die Bonusauszahlung gestaffelt über mehrere Jahre und in Abhängigkeit von zukünftigen positiven Ergebnissen erfolgen (s. Abb. 5).

Aufschub der Bonuszahlung unterstützt nachhaltiges Verhalten

Sollte es zu einer nachträglichen Anpassung der Resultate kommen, sollte der Bonus entsprechend gekürzt bzw. zurückgefordert werden. Bei den regulierten Finanzinstituten wird ein solcher Aufschub sowie ein Malus-Mechanismus aufsichtsrechtlich bereits verlangt. Dies ergab sich nicht zuletzt aufgrund der Erkenntnisse aus der Finanzkrise um das Jahr 2008.

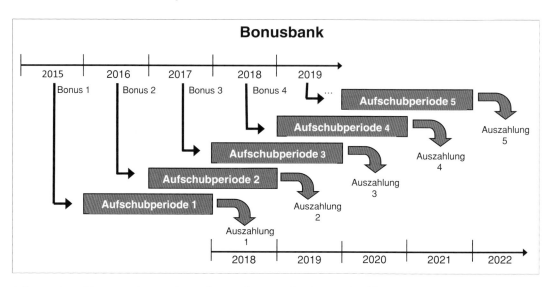

Abb. 5: Auszahlung von Bonus über mehrere Jahre verteilen („Bonusbank")

Zielbonus ist geschuldeter Leistungslohn

Bonussysteme kommen in verschiedenen Ausprägungen vor. Häufig werden mechanistische, formelbasierte Zielboni eingeführt. Wenn der Mitarbeiter die Ziele erreicht, hat er einen Anspruch auf die Bonusauszahlung (s. Abb. 6). Rechtlich handelt es sich in den meisten Fällen um einen Leistungslohn, der bei Zielerreichung geschuldet ist. Deshalb ist es wichtig, dass die Firma den Bonusbetrag budgetiert und zurückstellt. Je nach finanzieller Lage der Gesellschaft macht es Sinn, lediglich finanzielle Ziele festzulegen, da andernfalls bei der Erfüllung von qualitativen Zielen das nötige Geld für den Bonus nicht vorhanden ist. Bei der Gratifikation wird ebenfalls Leistung honoriert. Im Gegensatz zum Zielbonus erfolgt die Auszahlung aber nach freiem Ermessen der Firma bzw. des Vorgesetzten. Der Mitarbeiter kann keinen Anspruch geltend machen. Aus der Sicht des Mitarbeiters handelt es sich hierbei um eine „Black-Box" und es stellt sich die Frage, ob mit einem solchen System das Verhalten des Mitarbeiters, wie gewünscht, gesteuert werden kann.

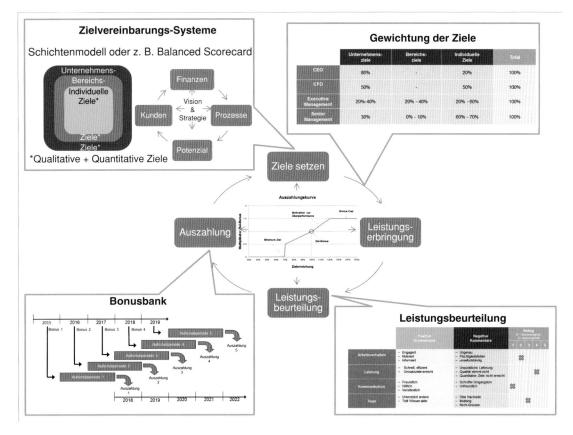

Abb. 6: Bonus-Kreislauf

Bei der Erfolgsbeteiligung wird ein Teil des Gewinns an die Belegschaft ausgeschüttet. Im Gegensatz zum Zielbonus ist hier die Stringenz zwischen persönlicher Leistung und erhaltenem Bonus nicht gegeben. Der Verteilschlüssel sollte deshalb nicht auf persönlicher Leistung basieren. Besser ist es, einen objektiven Verteilmechanismus heranzuziehen, wobei ein relativer Schlüssel wie z. B. nach Grundgehalt durchaus zweckmäßig sein kann. Denn bei einem höheren Salär kann eine höhere Funktion in der Firma angenommen werden, die mehr Einfluss auf das Ergebnis hat, was einen größeren Gewinnanteil rechtfertigt. Ist ein egalitäreres Modell erwünscht, kann die Verteilung auch nach Köpfen erfolgen. Nicht zuletzt gilt jedoch, dass das Bonussystem von den Mitarbeitern akzeptiert werden muss.

Firmenergebnis vs. persönliche Leistung

Beispiel: Akzeptanz von Bonussystemen

Ein Großteil der Mitarbeiter einer privat gehaltenen Gesellschaft mit verschiedenen Geschäftsfeldern war mit dem Bonussystem unzufrieden. Eine nähere Betrachtung ergab, dass die Mitarbeiter einer neu erworbenen Geschäftseinheit durchaus zufrieden waren, hingegen die Mitarbeiter des Stammgeschäfts sich beklagten. Die zufriedenen Mitarbeiter hatten einen Zielbonus und der jährliche Zielvereinbarungs- und Beurteilungsprozess war klar, akzeptiert und eingespielt. Die unzufriedenen Mitarbeiter waren in ein Erfolgsbeteiligungsmodell eingebunden, wobei die Speisung des Bonustopfs aus dem Übergewinn und die Verteilung aufgrund individueller Leistung erfolgten. Dies führte dazu, dass auch bei guter individueller Leistung der Bonus sehr klein ausfallen konnte, wenn der Bonustopf aufgrund des Geschäftsergebnisses klein war. Auf der anderen Seite gab es Jahre mit guten Boni, obwohl die individuelle Leistung mittelmäßig war. Die Frustration gründete somit auf der unglücklichen Verbindung von Speisung und Verteilung des Bonussystems. Zudem fehlte das Vertrauen der Mitarbeiter in das Zielmessungssystem. Sie hatten das Gefühl, dass Mitarbeiter, die sich im Beurteilungsgespräch besser verkauften, bessere Beurteilungen und somit höhere Boni erhielten.

Daraufhin wurde das Erfolgsbeteiligungsmodell angepasst. Die Verteilung erfolgt nun nicht mehr nach individueller Leistung, sondern es wird pro Funktionsstufe der gleiche Bonusbetrag zugesprochen. Zudem werden nur 80 % des Bonus mechanisch ausgeschüttet. Die übrigen 20 % des Bonustopfes können durch die Vorgesetzten unter Berücksichtigung der individuellen Leistung diskretionär verteilt werden. Durch diese Anpassungen sind zwei Ziele erreicht worden: 1. Durch die Entkoppelung der individuellen Leistung von der Erfolgsbeteiligung wurde der Enttäuschung der Mitarbeiter entgegengewirkt. 2. Die Vorgesetzten haben ein Führungsinstrument erhalten, um außerordentliche Leistungen zu honorieren. Langfristig möchte man für alle Mitarbeiter ein einheitliches Zielbonussystem einführen. Dazu muss jedoch vorher ein solides Zielvereinbarungs- und Beurteilungssystem implementiert werden.

2.2 Mitarbeiterbeteiligung

Echte und unechte Beteiligung

In der Praxis werden verschiedene Mitarbeiterbeteiligungsinstrumente eingesetzt. Diese Instrumente lassen sich in zwei Hauptgruppen einteilen: die echten und die unechten Mitarbeiterbeteiligungen. Bei der echten Mitarbeiterbeteiligung ist zentral, dass der Mitarbeiter die Möglichkeit hat, sich irgendwann an der Gesellschaft zu beteiligen und Aktionär zu werden. Bei der unechten Mitarbeiterbeteiligung, vielfach auch Phantom-Beteiligung genannt, erlangt der Mitarbeiter nie den Status eines Aktionärs. Vielmehr kommt es am Ende immer zu einer Bargeldzahlung, wobei sich diese Zahlung an der Wertentwicklung der Unternehmung orientiert. Damit kann man die Mitarbeiter wirtschaftlich den Aktionären gleichstellen, ohne ihnen aber Mitgliedschaftsrechte geben zu müssen (s. Abb. 7). Diese Form der Beteiligung wird vor allem dann eingesetzt, wenn die bestehenden Aktionäre das Aktionariat nicht öffnen wollen, was vielfach bei Familiengesellschaften der Fall ist. Unabhängig von der Ausgestaltung sind die Hauptziele, die man mit einer Mitarbeiterbeteiligung erreichen möchte, immer die gleichen:

- Die Attraktivität als Arbeitgeber steigern (attract)
- Die Motivation zu unternehmerischem Verhalten fördern (motivate)
- Die Anbindung von Schlüsselmitarbeitern an die Firma stärken (retain)

Die letztendliche Wahl des Beteiligungsinstrumentes hängt von den konkreten Zielen ab, die man damit erreichen möchte. Deshalb gibt es eine große Vielfalt an verschiedenen Ausprägungen der diversen Instrumente in der Praxis. Unabhängig davon, können die echten Mitarbeiterbeteiligungen den folgenden Basistypen zugeordnet werden:

- Aktien
- Anwartschaften auf Aktien
- Optionen

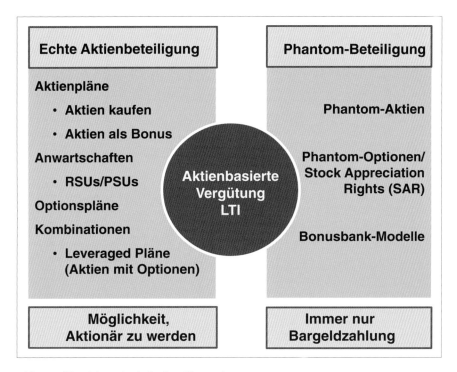

Abb. 7: Übersicht Mitarbeiterbeteiligungsinstrumente

2.2.1 Aktienpläne

Der Klassiker unter den Mitarbeiterbeteiligungen ist der Aktienkaufplan. Dem Mitarbeiter wird die Möglichkeit geboten, Aktien seines Arbeitgebers (oder einer Gruppengesellschaft) zu erwerben. Wenn die Gesellschaft nicht börsennotiert ist, kann dies sehr attraktiv sein, weil man nur als Mitarbeiter zu dieser Gelegenheit kommt. Meistens reicht dieser Anreiz allerdings nicht und die Aktien werden zu einem vergünstigten Kaufpreis angeboten. Die Attraktivität des Plans steigt dabei mit der Höhe des Abschlags (Diskont) auf den Kaufpreis. Dieser Diskont wird meistens noch mit einer Sperrfrist auf die Aktien kombiniert. Gerade bei börsennotierten Aktien macht es wenig Sinn, nicht gesperrte Aktien vergünstigt abzugeben, da der Mitarbeiter diese unmittelbar zum höheren Preis am Markt veräußern könnte. In einem solchen Fall hätte ein Bonus in bar im Umfang des Diskonts den gleichen Effekt und wäre einfacher umzusetzen. Eine gute Balance zwischen der Höhe des Diskonts und der Länge der Sperrfrist ist wichtig, damit der Mitarbeiter das Angebot als attraktiv empfindet und am Plan teilnimmt.

Beispiel: Aktienplan bei der „One Family Group"
Die nicht börsennotierte Familiengesellschaft mit dem strategischen Ziel zu wachsen, hat Mühe, gute Führungskräfte zu rekrutieren. Sie steht auf dem Arbeitsmarkt in Konkurrenz zu großen börsennotierten Gesellschaften, die als Teil der Gesamtvergütung einen Mitarbeiterbeteiligungsplan anbieten. Potenzielle Kandidaten fordern dies ebenfalls von der „One Family Group". Die Familiengesellschaft hat sich daher entschlossen, maximal 10 % des Aktienkapitals für einen Beteiligungsplan zur Verfügung zu stellen. Um eine unmittelbare Beteiligung anzubieten, wurde als adäquates Instrument die Aktie gewählt. Neue Führungskräfte können sich zu Beginn des Arbeitsverhältnisses bis zu einer bestimmten Quote am Kapital freiwillig einkaufen. Der Abschlag auf den Aktienkaufpreis ist 25 % und die Sperrfrist beträgt 5 Jahre ab Erwerb. Jährlich wird sodann ein fixer Anteil des Bonus in Form von gesperrten Aktien zugeteilt, um die Aktienquote über die Zeit aufzubauen. Zusätzlich können die Führungskräfte den Anteil des Bonus in Aktien freiwillig erhöhen, damit die Zielquote der Beteiligung rascher erreicht wird. Der jährliche Bezugspreis der Aktie richtet sich nach dem Firmenergebnis. Je besser dieses ausfällt, desto höher ist der Abschlag auf den Kaufpreis. Ebenso jährlich fixiert wird das maximale Einkaufspotential. Damit wird verhindert, dass bei einem tiefen Aktienwert die Aktienbeteiligung zu günstig erworben wird. Mit diesem Modell gelingt es der Firma nun, gute Führungskräfte zu rekrutieren, die motiviert sind, Spitzenleistungen zu erbringen. Denn bei guter persönlicher Leistung ist der Bonus und somit das Einkaufpotenzial des Aktienplans größer. Des Weiteren partizipieren die Mitarbeiter fortlaufend am geschaffenen Mehrwert, sind sie erst einmal Aktionär.

2.2.2 Anwartschaften auf Aktien

Mittels Anwartschaften kann der Mitarbeiter Aktionär werden, jedoch nicht unmittelbar, sondern erst in der Zukunft. Der Mitarbeiter erhält vom Arbeitgeber das Versprechen, Aktien zu einem definierten Zeitpunkt in der Zukunft unentgeltlich zu erhalten. Die Erfüllung dieses Versprechen ist aber an die Bedingung eines aktiven Arbeitsverhältnisses geknüpft. Somit erhält er die Aktien nur, wenn er im Zeitpunkt der Zuteilung noch in einem ungekündigten Arbeitsverhältnis steht. Andernfalls verfällt die Anwartschaft wert- und entschädigungslos. Die Bindung der Mitarbeiter an das Unternehmen ist das primäre Ziel dieses Versprechens mit Verfallsklauseln. Dieses Instrument wird in der Praxis vielfach als Restricted Share Unit (RSU) bezeichnet.

Scheck in die Zukunft

Soll der Fokus nicht nur auf der Anbindung der Mitarbeiter liegen und möchte man nicht lediglich das Aussitzen dieser belohnen, kann die Zuteilung der Aktien zusätzlich an Leistungsziele geknüpft werden. Nur wenn diese im Voraus vereinbarten Leistungsziele erfüllt werden, werden Aktien unentgeltlich zugeteilt. Es ist dabei üblich, die Anzahl der zuzuteilenden Aktien in Relation zur Zielerreichung zu setzen. Wie beim Bonus werden keine Aktien zugeteilt, wenn Mindestziele nicht erreicht werden. Bei Übererfüllung können mehr Aktien pro Anwartschaft zugeteilt werden. Auch hier empfiehlt es sich, eine maximal mögliche Anzahl Aktien pro Anwartschaft zu fixieren. Zudem sollten nicht die gleichen Ziele wie unter dem Bonusplan verwendet werden, um die doppelte Gewichtung eines Ziels zu vermeiden. Ebenso sollte für den Beteiligungsplan auf Kenngrößen der Gruppe abgestellt werden und weniger (falls überhaupt) auf individuelle Ziele. Im Gegensatz zum Bonus, bei dem der persönliche Leistungsbeitrag im Fokus steht, sollte der Schwerpunkt bei der Mitarbeiterbeteiligung auf der Wertentwicklung der Firma liegen. Ein solches Instrument wird in der Praxis vielfach als Performance Share Unit (PSU) bezeichnet.

Zuteilung kann an Leistungsziele geknüpft werden

Sowohl bei den RSUs wie den PSUs hat der Mitarbeiter bis zur effektiven Übertragung der Aktien keine Aktionärsrechte. Die Frist bis zur tatsächlichen Aktienübertragung wird als Erdienungszeitraum (Vesting-Periode) bezeichnet und kann frei nach den Bedürfnissen der Firma festgelegt werden. In der Praxis wird vielfach ein System gewählt, bei dem die RSUs in gleichen Teilen über einen Zeitraum „vesten", also verdient werden müssen, z.B. je 1/4 über vier Jahre oder je 1/3 über drei Jahre. Die Aktienzuteilung erfolgt somit gestaffelt über mehrere Jahre. Bei den PSUs erfolgt die Zuteilung der Aktien aufgrund der Verknüpfung mit langfristigen Leistungszielen vielfach nicht verteilt, sondern insgesamt zu einem Zeitpunkt.

Beispiel: Anbindung von Schlüsselmitarbeitern bei der „One Family Group"

Die „One Family Group" hat nicht nur einen Bedarf, gute Führungskräfte extern zu gewinnen, sondern will im Sinne der Nachfolgeplanung auch ausgewählte Schlüsselpersonen an das Unternehmen binden. Dazu wird ein RSU-Plan eingeführt. Die Konzernleitung hat jedes Jahr einen Pool von RSUs zur Verfügung, die sie an ausgewählte junge Mitarbeiter mit Potenzial zuteilen kann. Die RSUs haben eine Vesting-Periode von drei Jahren. Damit will man junge Mitarbeiter, die noch nicht in einer Kaderfunktion sind, ans Unternehmen binden. Zusätzlich gibt es einen jährlichen Pool mit PSUs. Dieser Plan ist für Kadermitarbeiter reserviert, um diese auf die Umsetzung der Strategie des profitablen Wachstums auszurichten und sie am Erfolg teilhaben zu lassen. Das Vesting dieser PSUs beträgt ebenfalls drei Jahre, doch ist die Aktienzuteilung zusätzlich an Umsatz und Gewinnziele gebunden. Bei der Erreichung des Mindestziels werden 50 % der PSUs in Aktien umgewandelt. Bei Übererfüllung werden bis maximal 150 % der PSUs in Aktien zugeteilt.

2.2.3 Optionspläne

Eine Option ist das Recht, eine Aktie zu einem im Voraus fixierten Preis in der Zukunft zu erwerben. Gegenüber den RSUs weisen die Optionen somit zwei Unterschiede auf: Bei der Optionsausübung muss der Mitarbeiter etwas für die Aktie bezahlen und der Zeitpunkt der Aktienübertragung ist nicht fix, sondern kann durch den Optionsinhaber innerhalb der Ausübungsfrist frei bestimmt werden.

Optionen werden heute nur noch wenig eingesetzt

Optionen werden heute in Europa außer bei Jungunternehmen (Start-ups) nur noch wenig eingesetzt. Sie kamen wegen ihrer großen Hebelwirkung sowie dem Vorwurf, Mitarbeiter partizipierten nur am Mehrwert, ohne ein Verlustrisiko zu tragen, in Verruf. Denn Optionen werden nur ausgeübt, wenn der Aktienwert gestiegen ist. Zudem führen sie bei der Ausübung teilweise zu einer erheblichen Verwässerung der Altaktionäre. So wurden die Optionen nach und nach durch RSUs oder PSUs ersetzt. Gerade die Substitution durch PSUs aber erstaunt, da sie ökonomisch den Optionen sehr nahe kommen. Somit gleicht ein PSU dem „Wolf im Schafspelz".

Richtig eingesetzt können Optionen ein gutes Instrument sein. Gerade im Zusammenhang mit dem Performance Management lassen sich die Leistungsziele im Instrument selbst abbilden, während bei Aktienplänen und RSUs diese Leistungsmessung vorgelagert ist.

Beispiel: Start-up und die Herausforderung, Leute bei niedrigem Lohn einzustellen

Wie die „One Family Group" steht auch das Jungunternehmen „start&running" vor der Herausforderung, gut qualifizierte Mitarbeiter zu rekrutieren. Warum sollte ein junger Mitarbeiter zu einer Start-up-Firma gehen, wenn er in einer etablierten Firma bei geringerem Risiko viel mehr verdienen kann? Um dieses Dilemma zu lösen, bietet „start&running" allen Mitarbeitern Optionen an. Die Optionen können jedoch nur bei einem Exit ausgeübt werden. Der Exit ist das strategische Ziel und bedeutet den Verkauf oder Börsengang der Gesellschaft. Mit dem Beginn des Arbeitsverhältnisses werden dem Mitarbeiter Optionen zugeteilt und dann jeweils auf jährlicher Basis erhöht. Neue Mitarbeiter erhalten Optionen mit einer längeren Vesting-Periode. Damit wird das Risiko reduziert, dass Mitarbeiter, die nur kurze Zeit für „start&running" gearbeitet haben, die Optionen bei Weggang mitnehmen können oder diese teuer ausgekauft werden müssen. Mit diesem Plan kann „start&running" ein attraktives und liquiditätsschonendes Vergütungspaket offerieren sowie die Mitarbeiter auf das strategische Ziel ausrichten. Diese Aussicht, an einem zukünftigen Exit partizipieren zu können, gepaart mit der Möglichkeit, als junger Mitarbeiter etwas bewegen zu können, lässt das tiefere Grundgehalt in den Hintergrund rücken.

2.2.4 Weitere Aspekte bei der Mitarbeiterbeteiligung

Bei der Ausgestaltung der Mitarbeiterbeteiligung gilt es, neben dem Vergütungsaspekt weitere Themen zu beachten. Die wichtigsten sind:

- Besteuerung und Deklaration
- Verbuchung
- Kostenbelastung
- Beschaffung der Aktien
- Arbeitsrecht
- Corporate Governance

Erfolgt die Vergütung in bar, stellt dies kaum eine größere Herausforderung bei der Besteuerung und Deklaration dar. Bereits aber bei einem Bonus, bei dem die Leistungsperiode und der Auszahlungszeitpunkt auseinanderfallen, können Fragen bei der steuerlichen Erfassung aufkommen. Noch komplexer wird es bei der Mitarbeiterbeteiligung. Hier stellt sich nicht nur die Frage nach dem Zeitpunkt der steuerlichen Erfassung, sondern auch nach dem steuerlichen Wert. Insbesondere wenn die Aktien nicht kotiert sind und somit kein offizieller Marktwert vorhanden ist, muss die Wertermittlung anders erfolgen. Die Wertbasis, die man allenfalls intern fürs Performance Management heranzieht, weicht dabei vielfach vom Wert für Steuerzwecke ab. Daher muss für Steuerzwecke oftmals eine separate Bewertung erstellt werden, die sich nach den Vorschriften im entsprechenden Land richtet.

Knackpunkt (steuerliche) Bewertung

Die Ausgestaltung des Plans beeinflusst auch seine Verbuchung. Resultieren für die Gesellschaft Verpflichtungen aus dem Plan, müssen diese entsprechend den anzuwendenden Accounting-Standards abgebildet werden, dies sowohl für Gruppen- als auch Einzelabschlusszwecke.

Werden Mitarbeiterbeteiligungen im Konzern angeboten, werden grundsätzlich die Aktien der Topgesellschaft herausgegeben. Die Mitarbeiter sind aber vielfach nicht bei der Muttergesellschaft, sondern bei einer operativen Gesellschaft angestellt. Damit die Kosten dort getragen werden, wo sie hingehören, werden konzerninterne Kostenbelastungsvereinbarungen getroffen. Solche Vereinbarungen gilt es, frühzeitig auf- und umzusetzen, damit die Konzernverhältnisse klar sind und die Auswirkungen dieser Vereinbarungen rechtzeitig abgeklärt werden können. Dabei geht es vor allem um die steuerliche Absetzbarkeit solcher Belastungen bei der operativen Gesellschaft, die Auswirkungen auf die Verbuchung sowie die Deklarationspflichten.

Beschaffung der Aktien ist im Voraus zu klären

Wenn Anwartschaften auf Aktien oder Optionen herausgegeben werden, müssen die Aktien erst in der Zukunft bereitgestellt werden. Bereits beim Eingehen dieser Verpflichtung sollte jedoch definiert werden, wie die benötigten Aktien beschafft werden. Es gilt zu klären, ob neue Aktien mittels Aktienkapitalerhöhung herausgegeben werden oder ob bestehende Aktionäre einen Teil ihrer Aktien abgeben. Sind die Aktien börsennotiert, können diese auch am Markt beschafft werden. Je nach Beschaffungsart gilt es, entsprechende Vorkehrungen zu treffen.

Die Mitarbeiterbeteiligung als Teil der Gesamtvergütung stellt ein Entgelt für Arbeitsleistung dar. Die Ausgestaltung muss daher auf die rechtliche Durchsetzbarkeit geprüft werden. Vor allem Verfallsklauseln während der Vesting-Periode bei Beendigung des Arbeitsverhältnisses sind arbeitsrechtlich heikel.

Bei großen und vor allem bei börsennotierten Gesellschaften ist die Vergütung des Managements sowie des Verwaltungsrats ein wichtiges Thema. Je nach Land und Branche gilt es, spezifische Regeln bei der Ausgestaltung und Offenlegung zu beachten.

3 Zusammenfassung

Abgeleitet von der Unternehmensstrategie gilt es, die Personal- sowie die Vergütungsstrategie zu definieren. Möchte man eine Leistungskultur fördern, können gut austarierte Bonus- und Mitarbeiterbeteiligungssysteme helfen, dieses Ziel zu erreichen.

Mit dem Bonus lässt sich das persönliche Verhalten beeinflussen. Dies gelingt jedoch nur, wenn der Mitarbeiter das System versteht und auch akzeptiert. Aus diesem Grund sollte das System möglichst einfach sein und es sollten wenige (sich nicht widersprechende) Ziele vereinbart und gemessen werden. Die individuellen Bonusziele müssen dabei im Einklang mit den strategischen Unternehmenszielen stehen.

Über die Mitarbeiterbeteiligung können die Mitarbeiter am nachhaltigen Unternehmenserfolg beteiligt werden. Eine solche Beteiligung ist auch bei nicht börsennotierten Gesellschaften möglich, auch wenn die Aktienbewertung eine große Herausforderung darstellt. Im Gegensatz zum Bonus wirkt die Mitarbeiterbeteiligung in die Zukunft und honoriert primär nicht die persönliche Leistung, sondern die positive Unternehmenswertentwicklung. Nur wenn der Aktionär einen Mehrwert erhält, sollen auch die Mitarbeiter davon profitieren können. Diese Angleichung der Interessen erreicht man mit einfachen Aktienplänen oder Anwartschaften auf Aktien (RSUs).

Möchte man die Mitarbeiter stärker motivieren und die Aktienzuteilung an Leistungsziele knüpfen, stehen PSUs oder Optionen zur Verfügung. Hier gilt es zu beachten, dass die Anreize nicht zu einseitig zugunsten der Mitarbeiter angelegt werden. Damit ein Gesamtvergütungssystem langfristig funktioniert, müssen die verschiedenen Elemente gut aufeinander abgestimmt sein und eine faire Verteilung des geschaffenen Mehrwerts auf die verschiedenen Anspruchsgruppen erfolgen. Neben den primären Stakeholdern wie Aktionären, Gesellschaftern und Mitarbeitern gilt es zunehmend, auch den Ansprüchen von Institutionen und Öffentlichkeit gerecht zu werden.

Kapitel 6: EPM Foundations

■ Der Autor

Dr. Mario Stephan, Direktor des Bereichs Enterprise Performance Management bei PwC in Zürich und Leiter des Studiengangs Corporate Strategy an der Steinbeis-Hochschule, Berlin.

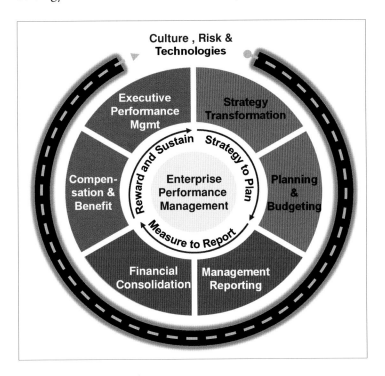

In den vorherigen Kapiteln wurden die drei Phasen des EPM-Zyklus vorgestellt. Diese drei Phasen mit ihren jeweiligen Teilprozessen laufen jedoch nicht im luftleeren Raum ab, sondern basieren auf einem Fundament an Voraussetzungen oder Erfolgspotenzialen, das die effektive und effiziente Ausführung der Prozesse überhaupt erst möglich macht.

Dazu gehört an allererster Stelle eine an der Strategie orientierte Unternehmenskultur, die Leistung fördert und Leistungshemmnisse zu eliminieren versucht. Der Beitrag von Monica Otten adressiert diesen als „High Performance Culture" (HPC) bezeichneten Aspekt der Unternehmenskultur. Der Beitrag zeigt, welche Rahmenbedingungen geschaffen werden müssen, damit eine an der Leistungssteigerung ausgerichtet HPC überhaupt erst möglich wird.

Der zweite Beitrag fokussiert auf die Chancen und Herausforderungen, die in der Einführung eines effektiven Risikomanagements stecken. Mathias Rodenstein zeigt auf, was getan werden kann, damit unternehmerische Chancen nicht unter zu großen Risiken genutzt werden und wie aus der bspw. im Finanzbereich gesetzlich vorgeschriebenen Funktion „Risikomanagement" ein wertvoller Sparringspartner des Managements werden kann.

Marc-Antoine Grepper beleuchtet im abschließenden Beitrag den Bereich der EPM-Technologien. Er stellt nicht nur aktuelle informationstechnologische Trends wie bspw. die In-Memory-Technologie vor, sondern beleuchtet auch einzelne bekannte bzw. hochspezialisierte Anbieter von EPM-Lösungen.

Integriertes Risikomanagement: Vorgehensweise und Erfolgsfaktoren

■ Risikomanagement ist für ein Unternehmen essentiell, indem es Risiken frühzeitig erkennt, quantifiziert, kommuniziert und so das Unternehmen vorausschauend schützt.

■ Unternehmensführungen sollten ein starkes Interesse an der erfolgreichen vollen Integration von Risikomanagement im Unternehmen und seinen Prozessen haben, weil es durch den Austausch mit anderen Interessengruppen effizienter wirken kann.

■ Effektivität und Effizienz des Risikomanagements gehen einher mit einer hohen Automatisierung der Risikoprozesse und fachlichen Kompetenzen der Mitarbeiter. So können Risikoressourcen direkt zur Weiterentwicklung des Unternehmens eingesetzt werden.

■ Integration und Erfolg des Risikomanagements fundieren auf der „Risikokultur" des Unternehmens. Jeder Mitarbeiter sollte ein gesundes Risikobewusstsein haben – bis hinauf zur Unternehmensführung.

■ Die Unternehmensführung bringt ihr Risikobewusstsein in erster Linie durch die Formulierung eines Risikoappetits, der Unternehmensstrategie und Risiken abstimmt, zum Ausdruck.

■ Nach einer kurzen Darstellung der Rahmenbedingungen beschreibt der Beitrag Vorgehensweise und Erfolgsfaktoren bei der Einführung eines integrierten Risikomanagements.

■ Der Autor

Dr. Mathias Rodenstein, Berater im Bereich Risikomanagement bei PwC Schweiz. Seine Spezialisierung sind operationelles und Kreditrisiko sowie die Entwicklung und Integration automatisierter Risikomanagementsysteme.

1 Wandel in Risikolandschaft fordert Anpassung von Unternehmen

Das Thema Risikomanagement beschäftigt Unternehmen und deren Führungen seit Jahrzehnten. Doch gerade in den vergangenen etwa 20 Jahren ist der Druck, effizientes Risikomanagement zu betreiben, signifikant gestiegen. Dies ist vor allem der Fall, weil die mit der Globalisierung einhergehende technische und geschäftliche Vernetzung und Exponierung vieler Unternehmen stark zugenommen haben.

Die Risiken, denen Unternehmen ausgesetzt sind, haben sich zum einen in ihrer Priorisierung und zum anderen in ihrer Komplexität verändert. Während es vor 20 Jahren noch hauptsächlich makroökonomische und damit eine überschaubare Anzahl von Faktoren waren, sind es heute zunehmend kleinste wenig beachtete Elemente, deren Schmetterlingseffekt ein Unternehmen ins Wanken bringen können. So haben bspw. die Vielfalt und die einhergehende notwendige Überwachung von operationellen, strategischen und Reputationsrisiken stark zugenommen. Höchste Aufmerksamkeit bei Unternehmensführungen geniessen daher zunehmend Risikodaten und -analysen (s. Abb. 1).

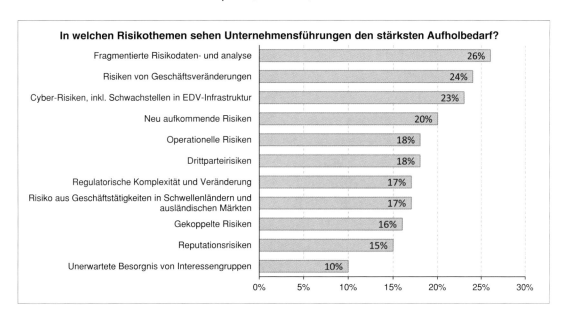

Abb. 1: Die größten Schwachstellen, die Unternehmensführungen sehen[1]

---

[1] Vgl. PwC-Studie „Risk in Re view: Re-evaluating how your company addresses risk".

Für ein Unternehmen ist Risikomanagement zum einen essentiell, um externe Anforderungen, beispielsweise von Regulatoren, zu erfüllen. Zum anderen kann – und sollte – das Unternehmen Risikomanagement geschäftsintegriert nutzen, da viele der Kompetenzen, die im Risikomanagement existieren, in anderen Unternehmensbereichen zu Entlastungen führen und dem Management eine risikoadjustierte Perspektive auf ihr Unternehmen geben können. Letzteres reduziert nicht nur das Potenzial für schädliche Geschäftsentscheide, sondern gibt auch die Möglichkeit, risikoadjustiert optimalere, d.h. profitablere und nachhaltigere, Strategien zu entwickeln und umzusetzen.

1.1 Risiko

Klare Sicht auf relevante Risikothemen entscheidend

Risiko ist die Möglichkeit des Eintritts eines Ereignisses mit negativen Folgen. Für Unternehmen drückt sich dies entweder quantitativ, meist in Form von direkten monetären Verlusten, oder qualitativ z.B. als Reputationsschaden aus. Qualitative Risiken gehen immer mit potenziellen Kosten oder Verlusten einher. Allerdings ist diese Verbindung oft nicht direkt offensichtlich, was die Handhabe qualitativer Risiken erschwert. Um die Handhabe zu vereinfachen, ist eine geordnete Darstellung der Unternehmensrisiken hilfreich.

Je nach Betrachtungsweise ergibt sich generell eine Vielzahl von Risikokategorien. Die gebräuchlichsten, die für jedes Unternehmen zutreffen, sind:

1. **Marktrisiko** – Die Gefahr, dass sich Märkte, zum Beispiel Kundensegmente oder Rohstoffpreise, sehr stark verändern.

2. **Gegenpartei- oder Kreditrisiko** – Die Gefahr, dass eine Gegenpartei ihren Verpflichtungen nicht nachkommt, was sich oftmals in unterlassenen Zahlungen ausdrückt.

3. **Operationelles Risiko** – Die Gefahr, dass sich Prozesse inkl. beteiligter Personen (Mitarbeiter, Lieferanten etc.) nicht so verhalten wie geplant und dadurch den gesamten Prozessablauf stören.

4. **Reputationsrisiko** – Die Gefahr, dass sich die Wahrnehmung des Unternehmens, insbesondere bei Kunden, stark und ungeplant verändert, was beispielsweise zu Umsatzeinbußen führen kann.

Jede dieser übergeordneten Risikokategorien lässt sich weiter in Risikothemen untergliedern (s. Abb. 1), um ihren operationellen Zusammenhang mit anderen Unternehmensprozessen darzustellen.

1.2 Risikomanagement

Der Begriff „Risikomanagement" kann in zweierlei Form verstanden werden: Zum einen als Konzept, zum anderen als funktionale Einheit in einem Unternehmen. Als Konzept beschreibt es die Art eines Unternehmens, seine Risiken zu handhaben, also die Prozesse, Bewertungs- und Kommunikationsregeln, Risikokategorisierung, Modelle etc. Die funktionale Einheit „Risikomanagement" ist die (aufbau-)organisatorische Umsetzung dieser Prozesse. Während die konzeptionellen Grundlagen des Risikomanagements für viele Unternehmen sehr ähnlich sind, variiert die Umsetzung stark.

So verzichten einige Unternehmen vollständig auf eine selbständige Funktionseinheit und handhaben ihren Risiken eher dezentral als Aufgabe aller Mitarbeiter. Andere Unternehmen, insbesondere Banken, setzen auf grosse unabhängige Risikoeinheiten, die direkt, angehängt an den CRO (Chief Risk Officer) oder CFO (Chief Financial Officer), an den CEO berichtet. Aufgrund dieses breiten Spektrums muss sich jede Unternehmensführung klar überlegen, welche Aufstellung für ihr Unternehmen gemäß Unternehmensgröße, -aufbau und -strategie die zweckadäquateste ist.

Fortschrittsindikatoren für Risikomanagement, nach Industrien										
	momentan					zukünftig (geplant)				
	FD	KIPD	TIKU	GW	Beh.	FD	KIPD	TIKU	GW	Beh.
Risikomanagementstrategie	50 %	29 %	29 %	32 %	29 %	83 %	65 %	62 %	65 %	64 %
Risikoappetit	41 %	20 %	18 %	20 %	22 %	73 %	51 %	51 %	56 %	43 %
Interessengruppenmanagement	53 %	36 %	38 %	37 %	40 %	72 %	59 %	62 %	56 %	50 %
Risikoüberwachung und -berichte	56 %	35 %	36 %	33 %	38 %	73 %	52 %	56 %	53 %	51 %

Tab. 1:   Entwicklungsgrad der Hauptelemente des Risikomanagements in Unternehmen, momentan und zukünftig (geplant), nach Industrie (FS = Finanzdienstleistungen, KIPS = Konsumenten- und industrielle Produkte und Dienstleistungen, TIKU = Technologie, Information und Unterhaltung, GW = Gesundheitsweisen, Beh. = Behörden)[2]

Die Entwicklung des Risikomanagementkonzepts und der Ausbau der verantwortlichen Unternehmensfunktionen werden anfänglich oft durch externe Faktoren getrieben. Hierin liegt der Grund dafür, dass viele Entwicklungen insbesondere im quantitativen Risikomanagement im Finanzdienstleitungssektor schon stattgefunden haben und dort weiterhin treibend sind (s. Tab. 1). Dies manifestiert sich nicht minder in der Regulation des Bankwesens, die in den letzten Jahren stark zugenommen hat. Die Bankenkrisen der letzten Jahre haben deutlich gemacht, dass

Externe Faktoren bahnen Risiko-management oft an, doch interne sind ebenso entscheidend

---

[2]   Vgl. PwC-Studie „Re-evaluating how your company addresses risk".

Banken oft von systemischer Bedeutung sind, also ihr risikoeffizientes Arbeiten auch für die Gesamtwirtschaft von Bedeutung ist. Um sie vor schweren Geschäftsschädigungen, beispielsweise durch Marktveränderungen, Cyber-Angriffe oder Kundenunsicherheit, zu schützen, ist ein ausgereiftes, vor allem quantitatives Risikomanagement unerlässlich. Dies gilt genauso für alle anderen Unternehmen.

Unternehmen können viel über Risikomanagement vom Finanzsektor lernen

Banken betreiben Geldhandel als zentrale Geschäftsaktivität und unterscheiden sich darin von anderen Industrien. Dennoch gelten viele der etablierten Risikokategorien generell auch für alle anderen Unternehmensarten. Jedes Unternehmen, das Rohstoffe verarbeitet, ist Markt- und Gegenparteirisiken ausgesetzt; die steigende informationstechnische Vernetzung erhöht das Risiko, Opfer von Cyber-Kriminalität zu werden; und jedes Unternehmen hat Kunden, deren Beziehung stark von der Reputation und operationellen Effizienz des Unternehmens abhängt. So lassen sich wenigstens drei Schlussfolgerungen ziehen:

1. Der Finanzdienstleistungssektor ist Vorreiter in der Entwicklung und Umsetzung von Risikomanagement und dessen Nutzung für unternehmerische Zwecke. Andere Industriezweige können von diesem Vorsprung profitieren und sich die verwendeten Modelle und Konzepte zu Nutze machen.

2. Dem Finanzsektor entfernte Industrien tendieren dazu, Risikomanagement nur stiefmütterlich umzusetzen. Wie sich bei Finanzdienstleistern gezeigt hat, ist zu erwarten, dass es auch im Nichtfinanzbereich erst zu großen ökonomischen Verwerfungen kommen muss, bevor Risikomanagement ernster genommen und stärker in die Geschäftsprozesse integriert wird.

3. Ein Großteil der Unternehmen (innerhalb und außerhalb des Finanzsektors) läuft den Entwicklungen von Risiken normalerweise hinterher und damit Gefahr, durch das Eintreten unerwarteter Risiken „auf dem falschen Fuß" erwischt zu werden. Dies liegt nicht zuletzt daran, dass Risikomanagement nicht effektiv und integral im Geschäft etabliert ist.

1.3 Unternehmensnutzen eines integrierten Risikomanagements

Welchen Nutzen können nun Unternehmen aus einem integrierten Risikomanagement ziehen? Risikomanagement dient in erster Ordnung dazu, Risiken zu identifizieren, zu bewerten, zu steuern und zu kontrollieren (s. Abb. 2). Das Risikomanagement kann diese Grundaufgaben, zusätzlich und unterstützt durch entsprechende Eigeninitiative, nutzen, um weitere Aufgaben zu übernehmen, die sich aufgrund der vorhandenen Kompetenzen ableiten lassen. Hierzu gehören u.a.

1. Initiierung von Maßnahmen, um Schaden vom Unternehmen abzuwenden oder neue Geschäftsmöglichkeiten zu identifizieren und zu bewerten (insbesondere strategische Themen wie Kundensegmentierung, Vertriebsnetz und Versorgungskette);
2. Identifikation und Verfolgung von geschäftsübergreifenden Entwicklungen auf Basis der vorhandenen gesamtheitlichen Datenübersicht
3. Zurverfügungstellung und Entwicklung von Modellen, die im gesamten Unternehmen zur Optimierung, z. B. der Wertschöpfungskette, genutzt werden können;
4. Berichterstattung über risikoadjustierte Geschäftsentwicklung und Risikothemen.

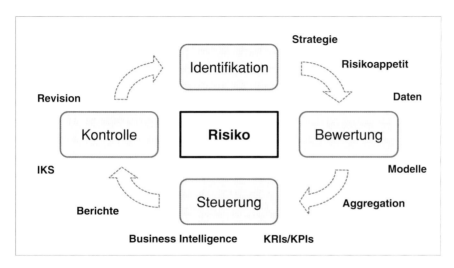

Abb. 2: Risikomanagementprozess und -komponenten, die auch außerhalb des Risikomanagements von Bedeutung und Nutzen sein können

Durch die unternehmerische Integration des Risikomanagements ergeben sich zusätzlich Synergieeffekte, da ein hoher Automatisierungsgrad, der mit gut entwickeltem Risikomanagement einhergeht, auch anderen Abteilungen zugutekommt, z. B. in der Versorgung mit Echtzeitinformationen zur risikoadjustierten Gewinn- und Verlustrechnung.

Integriertes Risikomanagement nutzt dem gesamten Unternehmen

2 Vorgehen und Erfolgsfaktoren

In vielen Unternehmen wird Risikomanagement noch immer zu steifmütterlich behandelt und eher als Hindernis gesehen. Es stellt sich daher die Frage, wie der Wandel vom ungeliebten und fremdgeforderten Zwang zum geschäftsfördernden Bestandteil des Unternehmens vollzogen werden kann. Wesentlich sollte hierbei eine durchgängige Etablierung sein. Daher sehen Unternehmensführungen vornehmlich die Etablierung eine „Kultur des Risikobewusstseins" und die „Integration von Risiko und Geschäftsstrategie" als Schlüsselelement für ein effektives Risikomanagements.[3]

2.1 Vorgehen

Von der Vision zur risikoadjustierten Unternehmens- strategie

Generell muss die Vision der Unternehmensführung für das Unternehmen in eine Strategie übersetzt werden. Dabei sollten von Beginn an Risiken und Risikomanagement hinreichende Beachtung finden. Darauf wird zuerst eine Bestandsaufnahme der Zielstellungen der beeinflussenden Faktoren gemacht. Diese werden mit den ihnen anhaftenden Risiken abgeglichen, sodass Leistungskennzahlen (Key Performance Indicators, KPIs) mit Risikokennzahlen (Key Risk Indicators, KRIs) verbunden werden können (s. Abb. 3). KPIs und KRIs werden dann in Kombination fortwährend zur Unternehmenssteuerung benutzt, was eine transparentere Sicht über die Situation des Unternehmens gibt, durch die sich fundiertere Entscheidungen treffen sowie Sicherheit und Effizienz steigern lassen.

Abb. 3: Vorgehensweise zur Bestimmung und Integration des Risikoappetits im Unternehmen, gestützt auf Risiko- und Leistungskennzahlen

▒ Vision

Als Vorschritt zur Strategiebildung erstellt die Unternehmensführung ihre Vision für die Unternehmensziele und deren Risiken, d.h. was sie bereit ist einzugehen, um diese Ziele zu erreichen, auf. Hierbei kann die

---

[3] Vgl. PwC-Studie „Re-evaluating how your company addresses risk".

Risikomanagementabteilung unterstützen. Es ist wichtig, dass man sich nicht schon zu Beginn in Details verliert, sondern klare einfache Risikoabwägungen zu den angestrebten Unternehmenszielen macht, die dann später detailliert formuliert und implementiert werden können.

Ist-Analyse

Um die gegebene Vision der Unternehmensentwicklung mit einem effizienten und unterstützenden Risikomanagement in Einklang zu bringen, muss eine Bestandsaufnahme zum Risikomanagement und dessen Etablierung in den Unternehmensprozessen gemacht werden. Nachfolgende Fragen können hier beispielhaft gestellt werden:

1. Welchen Einfluss nimmt das Risikomanagement in Geschäftsentscheidungsprozessen?

2. Welche Informationen hat das Risikomanagement, und inwieweit erlauben sie es, Risiken hinreichend korrekt zu bewerten und Bericht zu erstatten?

3. Wie wird das Risikomanagement von anderen Einheiten wahrgenommen?

4. Wie ist die Risikokultur im Unternehmen? Werden Geschäftsentscheidungen ohne Risikoabwägungen getroffen oder wird das Risikomanagement stark in alle Entscheidungen mit einbezogen?

5. Wie sieht sich das Risikomanagement selbst im Unternehmen?

Integration in den Strategiebildungsprozess

Erfolgskritisch für ein effektives Risikomanagement ist, dass dieses nicht nur als administrative sondern als geschäftsstärkende Einheit fungiert und in Folge auch so wahrgenommen wird. Hierbei sind vier Elemente von Bedeutung:

1. Klare Definition und Kommunikation der Aufgaben des Risikomanagements;

2. Effiziente Aufstellung des Risikomanagements, inklusive technischer Lösungen;

3. Offene regelmäßige Abstimmung zwischen Risikomanagement und Geschäft („Front") und ggf. anderen Abteilungen, z.B. Finanzabteilung;

4. Kontinuierliche Weiterentwicklung des Risikomanagements mit transparentem Verständnis von Unternehmensstrategie und Geschäftsentwicklung.

2.2   Erfolgsfaktoren

2.2.1   Klare Definition und Kommunikation der Aufgaben

Transparenz und
Kommunikation

Hauptfunktion des Risikomanagements ist es, Risiken zu erkennen, zu bewerten, zu rapportieren und, in Zusammenarbeit mit anderen Unternehmensabteilungen, zu entschärfen. Das Aufgabenspektrum des Risikomanagements erstreckt sich dabei in mehreren Dimensionen, z. B.:

1. Implementierung von Modellen zur Modellierung der Geschäftsentwicklung, beispielsweise in der Marktpreisentwicklung oder der Kreditwürdigkeit von Kunden;

2. Validierung von Berechnungen und Informationen, z. B. von Preiskurven oder durch die Verkaufsabteilung geschätzter Umsatzzahlen;

3. Prüfung von Handelsinformationen;

4. Bewertung von Informationen, wie zum Beispiel der Umsetzbarkeit von Strategien und derer potentiellen Risiken;

5. Berichterstattung, unter anderem über die Einschätzung kontemporärer Entwicklung in nationaler und supranationaler Gesetzgebung und deren Auswirkungen auf das Unternehmen, aus juristischer und finanzieller Sicht.

Obige Liste ist nicht erschöpfend, sondern gibt lediglich einen Einblick, welche Aufgaben Risikomanagement in einem fortgeschrittenen Zustand oft innehat.

2.2.2   Effiziente Aufstellung

Damit das Risikomanagement all seine Aufgaben als integraler Bestandteil der Unternehmensstrategie effektiv wahrnehmen kann, ist seine effiziente ablauf- und aufbauorganisatorische Aufstellung, d. h. bezüglich Struktur, EDV-Systemen, Mitarbeiterkompetenzen, Eingliederung in Unternehmensprozesse etc., notwendig. Hierbei muss im Detail gewährleistet werden, dass

1. alle für die Risikobewertung nötigen Daten vorhanden sind,

2. Mitarbeiter im Risikomanagement die nötigen Fähigkeiten und Verständnis über Unternehmensstrategie und -prozesse besitzen,

3. EDV-Systeme den Anforderungen gewachsen sind, d. h. zum einen notwendige Rechenkapazitäten und -funktionalitäten und zum anderen Schnittstellen gegeben sind,

4. ein möglichst hoher Automatisierungsgrad in Datenfluss, Verarbeitung/Berechnung und Berichterstattung angestrebt und etabliert ist.

Eine effektive Umsetzung der obigen Punkte ist eine Business Intelligence-Lösung mit eine „Dashboard"-System[4], durch das ein schneller übersichtlicher Zugriff auf alle Risikoinformationen mit Details (ggf. in Echtzeit) erreicht werden kann (s. Beispiel in Abb. 3).

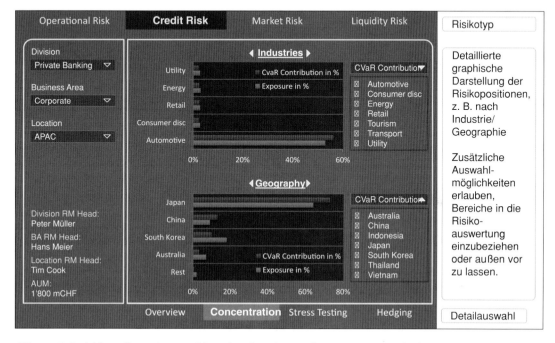

Abb. 4: Beispieldarstellung eines Dashboards, wie es im Kredit-/Gegenparteirisiko benutzt werden kann

In Folge fördert das Zusammenspiel der obigen Elemente die Leistungsfähigkeit des Risikomanagements und des Unternehmens, da

1. das Management wesentlich schnelleren zeitnahen Zugriff auf Informationen über Risiken und deren Ursachen sowie gegebenenfalls geplante/ergriffene Gegenmaßnahmen hat und
2. die Front entlastet wird, da geschäftsinhärente Risiken, z.B. der Einfluss von Marktpreisschwankungen auf die Rentabilität des Vertriebs klar, vollumfänglich und risikoadjustiert dargestellt sind, sodass sich fundiertere Entscheidungen über das Eingehen oder Fortführen von Geschäften fällen lassen.

---

[4] Auch als „Cockpit", „Management Cockpit" oder „Management Information System" bekannt; digitale Umsetzung der Darstellung von Managementinformationen in kompaktem manövrierbaren Format

Klare Verfolgung des Risikoappetits erleichtert Unternehmensführung

Regulatoren von Banken verlangen bspw. die Formulierung eines Risikoappetits, der darstellen soll, welche Geschäftseinheiten in welchem Masse welche Risiken eingehen (wollen). Eine solche Aufstellung kann im Gegenzug zur Unternehmenssteuerung verwendet werden, da mit dem Risikoappetit bestimmt und transparent dargestellt wird, wie risikobehaftet die (geplanten) Geschäftsaktivitäten sind, und, ob überhaupt ein risikoadjustierter Gewinn zu erwarten ist.

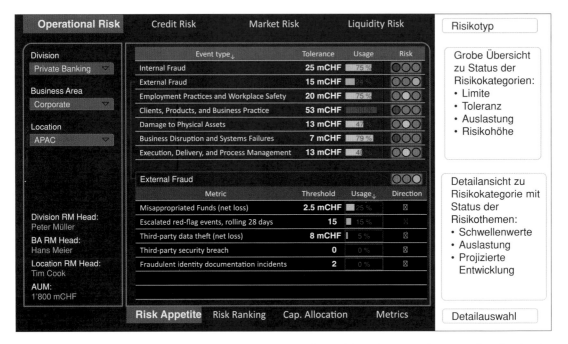

Abb. 5: Beispielhafte Darstellung des Risikoappetits mittels Dashboard-System, das Zugriff auf Echtzeitinformationen erlaubt

Der Risikoappetit ist eine Aufstellung der Risikoeinschätzung bzw. -bereitschaft im Hinblick auf die für das Unternehmen wesentlichen Themen wie Strategie, Operations, Markt, Finanzierung etc.

Beispiel: Risikoappetit

Im Bereich „Strategie" kann man formulieren, dass Neuproduktentwicklung und Innovation durch Zukauf von spezialisierten Jungunternehmen zu 20 % Unternehmenswachstum führen sollen. Demgegenüber werden dann qualitativ erwartete Risiken gestellt und quantifiziert wie z.B.: Wettbewerbsaufsicht verhindert zeitgerechte Akquisition in 30 % der Fälle und verursacht dadurch Mehrkosten von 10 % EBIT.

Eine solche Betrachtung liefert Transparenz bezüglich Zielen und Risiken und sollte entsprechend Verantwortlichkeiten für die Handhabe der Risiken regeln, um z.B. zu verhindern, dass „Gewinne individualisiert und Verluste (Risiken) im Unternehmen sozialisiert" werden. Ein entsprechender regulärer, stets aktueller Bericht (s. Abb. 4) hilft, fortlaufend die notwendige klare Übersicht zu behalten, inwiefern Ziele und Risikolimite eingehalten werden.

2.3 Offene regelmäßige Abstimmung zwischen Risikomanagement und Geschäft

Risikomanagement und Front sollten sich regelmäßig über Geschäftsentwicklungen und Veränderungen im Risikomanagement austauschen. Dies dient zuerst vor allem dem Risikomanagement, das Geschäft und dessen Umsetzung der Unternehmensstrategie zu verstehen. In Konsequenz kann das Risikomanagement dann seine Aktivitäten gezielt und aktiv an den Geschäftsentwicklungen ausrichten, z.B. durch Zurverfügungstellung neuer Berichte, Anpassung von Modellen und Kalibrierung von Bewertungsmethoden, wovon auch die Front profitiert.

Hierbei wird zusätzliche Effizienz im Unternehmen erreicht, wenn das Risikomanagement die Anforderungen, beispielsweise von Regulatoren, mit der Front abstimmt. Hierdurch wird teils großer notwendiger (technischer) Aufwand, der mit den Implementierungen verbunden ist, nicht nur zur Befriedung des Regulators betrieben, sondern kann zugleich zur Stärkung des Geschäfts beitragen, indem zum Beispiel ermittelte regulatorische Kennzahlen auch ökonomisch verstanden und als Steuerungsgröße verwendet werden.

Weiterhin ermöglicht die gegenseitige Abstimmung, Aktivitäten des Risikomanagement besser zu verstehen. So kann das Risikomanagement Grenzwerte (Limite) für den Handel vorgeben und deren Einhaltung überwachen. Verletzung und folgende Ahndung können so für alle Beteiligten klar geregelt, kommuniziert und kooperativ eingehalten werden. Dies erhöht die Sicherheit des Geschäfts und stärkt das Vertrauen, extern wie intern.

2.4 Kontinuierliche Weiterentwicklung des Risikomanagements

So wie sich die Risiken eines Unternehmens ständig verändern, sollte auch der Risikomanagementbereich seine Aktivitäten kontinuierlich und nachhaltig validieren und verbessern. Er steht hierbei in der Pflicht, die Umgebungsveränderung und ihre Gründe klar zu kommunizieren. Das erlaubt zusätzlich eine kritische Prüfung der Wechselwirkung mit der

Kontinuierliche Verbesserung ist unabdingbar

Unternehmensstrategie und Geschäftsentwicklung durch andere Geschäftseinheiten.

Insbesondere aufgrund der in den letzten Jahren stark gestiegenen Regulation und Überwachung von Unternehmen, z. B. durch EMIR, Sarbanes-Oxley Act und Solvency II, aber auch aufgrund der stärkeren öffentlichen Exponierung und Gefährdung durch Cyber-Kriminalität sind die Investitionen von Unternehmen in Risikomanagement (inkl. Compliance) nahezu exponentiell gestiegen. Allerdings ist der ökonomische Nutzen dieser Expandierung des Risikomanagements oft entweder gar nicht bekannt, oder, wenn er gemessen wird, negativ. D. h., dass die momentanen Aktivitäten, die Unternehmen entfalten, um ihr Risikomanagement zu „stärken", eigentlich kontraproduktiv sind und das Unternehmen ökonomisch eher gefährden!

Um dem entgegen zu wirken, ist das Risikomanagement als integraler Bestandteil der Geschäftsstrategie und deren Umsetzung zu sehen und zu etablieren. Dies geschieht effektiv durch die Formulierung, Überwachung und Einhaltung des erwähnten Risikoappetits.

2.5 Detaillierung des Risikoappetits

In Abb. 3 ist der Ablauf für die Einbettung des Risikoappetits und damit des integrierten Risikomanagements dargestellt.

1. Es wird der grobe Umfang des Risikomanagements bestimmt, also in welchen Unternehmensbereichen es sinnvoll erscheint, Risikobetrachtungen durchzuführen. Normalerweise beinhaltet dies wenigstens Gegenparteien/Finanzierung, Markt, Reputation, Operations. Es kann hier im Geschäftsverlauf durchaus berechtigte Anpassungen geben, wenn sich z. B. das Geschäftsumfeld ändert.

2. Für die abgesteckten Bereiche wird übergreifend die Strategie des Unternehmens abgestimmt, sodass wenigstens für alle notwendigen Risikothemen klar ist, wie der akzeptierte Rahmen ist. Dies ist die effektive (grobe) Formulierung des Risikoappetits.

3. Daraufhin wird der Appetit detailliert durch die genaue Definition der Risiken und Chancen, die in den Bereichen gesehen werden – qualitativ.

4. Um die Einhaltung der Strategie und des Risikoappetits über das Geschäftsjahr zu verfolgen definiert man Kennzahlen für Leistung und Risiko (Key Performance Indicators = KPIs, Key Risk Indicators = KRIs). Erst diese konkretisieren den Risikoappetit effektiv und machen ihn messbar.

5. KPIs und KRIs werden dann durch Datenanbindung und Modelle in Informationen übersetzt, die in den Berichtsprozess eingehen und damit die Nachverfolgung ermöglichen.

6. Abschließend wird der Kreis zu Schritt 1. geschlossen, indem die Leistung des KPI-/KRI-System geprüft und gegebenenfalls revidiert wird, um Verbesserung für Geschäft und Risikomanagement im folgenden Zyklus zu ermöglichen.

Wie erwähnt, ist der wohl herausforderndste und erfolgsentscheidende Teil dieses Prozess, effektive KPIs und KRIs zu bestimmen. Sie sollten:

KRIs komplementieren KPIs zur effizienten Unternehmensführung

1. sich gegenseitig ausschließend und insgesamt erschöpfend,

2. sinnvoll,

3. konkret,

4. effizient,

5. klar definiert,

6. messbar,

7. zeitgerecht,

8. realistisch

9. und, wenn möglich, vorausschauend

sein.

Sie sollten also die „MECE-Regel"[5] erfüllen und **SMART**[6] sein.

Zu beachten ist, dass ein Unternehmen bei der Einführung eines Risikomanagements trotz vieler Kontrollen und Aktivitäten, wirtschaftlich scheitern kann, wenn es sich zu sehr mit unnötigen, überlappenden und unternehmerisch nichtssagenden Kontrollen und deren Unterhaltung beschäftigt. In einem solchen Fall verursacht das Risikomanagement mehr wirtschaftlichen Schaden als Nutzen, was weder im Interesse des Risikomanagements noch des Unternehmens als Ganzes sein kann.

2.6 Zwei Praxisbeispiele

Im Folgenden wird anhand von zwei Praxisbeispielen dargestellt, wie unterschiedlich der Grad der Entwicklung und der Integration von Risikomanagement in einem Unternehmen sein kann, und, welche Konsequenzen sich daraus ergeben. Das erste Beispiel fokussiert auf ein Unternehmen mit einer vergleichsweise geringen Reife des Risikomanagements und das zweite Beispiel auf ein Unternehmen mit vergleichsweise hoher Risikomaturität.

Risikokultur: Risikomanagement wächst mit dem Unternehmen

---

[5] mutually exclusive and collectively exhaustive
[6] specific measurable attainable realistic timely

2.6.1 Erfolgreicher Lebensmittelproduzent ohne ausgeprägte Risikokultur

Das erste Beispiel ist ein gut etablierter und erfolgreicher Lebensmittelproduzent, bei dem es keine explizite Risikomanagementfunktion gibt.

Istzustand Die Finanzabteilung des Unternehmens hat vor einem Jahr damit begonnen, einen Risikomanagementbericht aufzubauen, in dem der Fokus vorerst auf den strategischen und personellen Risiken liegt. Dieser Bericht wird quartalsweise manuell durch eine Person in der Finanzabteilung erstellt und dann in der Geschäftsleitung besprochen. Es sind keine KRIs etabliert. Gegenmaßnahmen zu Risiken werden durch Prozessverantwortliche vorgeschlagen und im Bericht festgehalten. Während die Geschäftsentwicklung durch KPIs schon gut verfolgt wird, existiert keine Risikoadjustierung. Infolgedessen realisieren sich Risiken ohne klare Vorwarnung und mit entsprechend bedingter Vorbereitung auf Unternehmensseite.

Vision Die Unternehmensführung beschäftigt sich mit üblichen strategischen und Entwicklungsthemen, wie Markterweiterungen, Verbesserung des Logistik- und Versorgernetzes, Personalschwankungen etc. Die weitere Planung sieht vor, den Risikomanagementbericht sukzessive um weitere Themen und Details zu erweitern, ihn aber im momentanen Format zu belassen. Eine tiefergreifende Integration des Risikomanagements in Geschäftsprozesse, z. B. im Bereich Logistik- und Vertriebsmodellierung, ist nicht geplant.

Prozessbewertung Konsequenzen aus der Ist-Situation:

1. Das Risikomanagement existiert im Unternehmen nicht als eigenständige Funktion und wird daher auch nicht gelebt, sondern ist beschränkt auf einen quartalsweisen Bericht.

2. Die Geschäftsleitung, Aufsichts-/Verwaltungsrat und auch untergeordnete Leitungsebenen beziehen in ihre Entscheidungen keine detailliert risikoadjustierten Informationen ein.

3. Der Prozess der Risikobewertung ist durchgehend manuell, zeitaufwendig, isoliert und daher einer hohen Subjektivität und Fehleranfälligkeit ausgesetzt.

4. Das Spektrum der berichteten Risikothemen ist in steter Überarbeitung.

5. Die Geschäftsleitung hat begonnen, Risikomanagement und seinen Wert wahrzunehmen.

Welche Verbesserungsvorschläge lassen sich ableiten?   Optimierung

1. Die Wahrnehmung des Nutzens von Risikomanagement sollte von der Geschäftsleitung selbst erkannt und auf andere Führungsebenen weitergegeben werden.

2. Die Analysen, die im Rahmen des Risikomanagementberichts erstellt werden, sollten weiter ausgebaut und in Entscheidungsprozesse integriert werden.

3. Erste Automatisierungsschritte können in der Berichterstellung gegangen werden, indem KRIs definiert und auf Basis existierender Datenquellen wie z.B. aus Buchhaltungs- oder Logistiksystemen automatisiert bestimmt werden.

4. Autorität und Reife des Risikomanagements können ausgebaut werden, indem es als eigenständige Funktion aufgebaut wird und so intensiver an KRI- und Modellformulierungen arbeiten kann:

   a) Anzustrebende Autorität: Es existiert eine unabhängige Abteilung „Risikomanagement", die je nach Unternehmensgröße und Geschäftskomplexität direkt dem CEO, CRO oder CFO unterstellt ist und auf (wesentliche) Geschäftsentscheide einwirken kann. Eine positive Autorität muss sich Risikomanagement durch aktive Zusammenarbeit mit anderen Abteilungen erarbeiten – im Gegensatz zur oft beobachtbaren Geschäftsbehinderung. Die kann z.B. durch Unterstützung bei Bestimmung, Validierung und Berichterstattung von Kennzahlen (GuV, KRIs) erreicht werden. Zwischen Risikomanagement und anderen Abteilungen, insbesondere Front, sollte es einen regelmäßigen aktiven Austausch geben, weil die dadurch erreichte Transparenz das gegenseitige Vertrauen stärkt.

   b) Anzustrebende Reife: Mitarbeiter im Risikomanagement haben ein umfassend gutes Geschäftsverständnis, das ihnen erlaubt, die Risikoprozesse angemessen auszugestalten und effizient zu bewirtschaften. Effiziente technische Umsetzung beinhaltet hohe Automatisierung und schlanke Aufstellung, d.h. beispielsweise, dass Informationen so viel wie möglich automatisch verarbeitet und berichtet werden – es ist nicht sinnvoll, eine hohe Anzahl manuell erstellter überlappender Berichte zu erstellen, die wenig Mehrwert für die Empfänger darstellen.

   c) Weiterentwicklung KRI- und Modellformulierung: Kontinuierliche Veränderung des Geschäfts bedingt eine kontinuierliche Weiterentwicklung des Risikomanagements. Fokus sollte hier auf der Abbildung der effektiven Geschäftsrisiken in Modellen sein, um eine bestmögliche Handhabe (Erkennung, Quantifizierung, Kompensation/Steuerung) der Risiken zu ermöglichen.

5. Es sollte ein Risikoappetit, wenigstens jährlich, durch die Geschäftsleitung (als Teil der Unternehmensstrategie) formuliert und seine Überwachung dem Risikomanagement als Aufgabe übergeben werden.

2.6.2 Mittelständisches Versorgungsunternehmen mit jahrelanger Erfahrung im Risikomanagement

Das zweite Beispiel ist ein international tätiges Unternehmen, das vornehmlich Grundversorgungsrohstoffe kauft, verarbeitet und verkauft. Das Risikomanagement im Unternehmen hat sich über Jahre, u.a. bedingt durch bestimmte Geschäftsfelder (Handel von Finanzprodukten) von „hinderlich für das Geschäft" zu einem „integrierten und erfolgstragenden Bestandteil des Unternehmens" entwickelt. Diese Entwicklung ist auf Initiative von Front, Geschäftsleitung und Risikomanagement vollzogen worden.

Istzustand Das Risikomanagement ist eine schlanke, effiziente und auch eigenständige Abteilung unter dem CFO. Eine CRO-Aufstellung ist auf Grund der Größe des Unternehmens nicht sinnvoll. Die Abteilung ist hauptsächlich für Kredit-, Markt-, und operationelle (Geschäfts-) Risiken verantwortlich. Es unterhält eine vollautomatische Business Intelligence-Lösung in der sämtliche, durch das Risikomanagement konzipierte, Berichte zu allen Risikothemen täglich aktualisiert zur Verfügung stehen. Darüber hinaus steht das Risikomanagement in stetigem Kontakt mit der Front, um einerseits Verletzungen von Risikovorgaben zu kommunizieren und zu lösen und andererseits auf die Bedürfnisse der Front in der Berichterstattung und deren aktiven und effizienten Nutzung im täglichen Geschäft nachzukommen.

Weiterhin bestimmt das Risikomanagement die bonusdeterminierenden Kennzahlen als unabhängige Einheit unter Beachtung der Einhaltung von Risikovorgaben. Es entwickelt die verwendeten Modelle und Berichte weiter und implementiert diese in Zusammenarbeit mit der EDV-Abteilung.

Vision Die Unternehmensführung und die Front sehen das Risikomanagement schon jetzt als integrierten Bestandteil. Die Abteilung kann daher ihre Ressourcen in Zukunft gezielt nutzen, um die Qualität der verwendeten Modelle weiter zu verbessern, um die (risikoadjustierte) Kapitalrendite zu steigern. Da bereits eine Business Intelligence-Lösung vorhanden ist, kann diese erweitert werden, sodass Führungspersonal zum Beispiel digitalen Zugriff auf individualisierte (Risiko-) Berichte haben, in denen sie selbst Risikoparameter verändern und deren Einfluss auf das Geschäft in Echtzeit nachvollziehen können. Diese Funktionalitäten ließen sich dann auch auf andere Abteilungen, z.B. Personalabteilung erweitern, sodass auch hier Synergien genutzt würden.

Konsequenzen aus der Ist-Situation

Prozess

1. Das Risikomanagement ist im Unternehmen schon weit entwickelt, arbeitet als integraler Bestandteil mit anderen Abteilungen zusammen und wird sehr positiv und als geschäftsfördernd wahrgenommen.

2. Das Risikomanagement kann als selbständige Einheit in Eigenverantwortung seine Risikomodelle effizient weiterentwickeln.

3. Durch die durchgängige Automatisierung und Digitalisierung von der Datenerhebung bis zur finalen Berichterstattung ist das Risikomanagement sehr (kosten)effizient und schlank aufgestellt.

Welche Verbesserungsvorschläge lassen sich ableiten?

Optimierung

1. Die Qualität der Risikomodelle kann weiter ausgebaut und gegebenenfalls überholte Modelle können durch neue ersetzt werden.

2. Auf die bestehende Business Intelligence-Lösung kann aufgebaut werden, sodass Risikoinformation zeitnah bis hin zu echtzeitlich zur Verfügung gestellt werden können.

3. Der Grad der Automatisierung kann weiter ausgebaut und die Aufbereitung weiterer Risikothemen durchgeführt werden, um das Unternehmen weiter zu stärken, zu schützen und zu entwickeln.

3 Schlussfolgerung

Risikomanagement und dessen effiziente Etablierung im Unternehmen ist von Gewinn bringender Bedeutung, weil es als Informationsschnittstelle eine gesamtheitliche risikoadjustierte Sicht zur Verfügung stellen kann. Um diesen Gewinn zu realisieren muss in erster Linie die Unternehmensführung sich über die Verbindungen zwischen den unternehmerischen Zielen und den einhergehenden Risiken klar sein. Diesen Zusammenhang muss sie in Form eines unternehmerischen Risikoappetits formulieren und prozessual umsetzen. Unverzichtbar geht damit einher, einen klaren Fahrplan für das Risikomanagement aufzustellen, damit dieses die Arbeit im Detail übernehmen kann.

Ein integriertes Risikomanagement als Teil des Gesamtgeschäfts ist erstrebenswert, weil Risiken nicht zum Selbstzweck oder zur Befriedigung von Regulatoren mit viel Aufwand abgearbeitet werden, sondern produktiv zur unternehmerischen Gesamtleistung beitragen. Als integraler Bestandteil kann das Risikomanagement unter anderem risikoadjustierte Berichterstattung über Geschäftsentwicklung, Modellweiterentwicklung, Überwachung der geschäftsübergreifenden Prozesse und Mittel zur Erweiterung der Geschäftsaktivitäten in Echtzeit bereitstellen.

Unternehmen profitieren somit vom Aufbau und der Transformation zu einem integrierten Risikomanagement, da Kompetenzen im Risikomanagement direkt zur Effizienz- und Profitabilitätssteigerung beitragen können, weil es Risiko- und Geschäftsinformation zusammenführend und komplementär verarbeiten und die Resultate gesamtheitlich zum Nutzen des gesamten Unternehmens zur Verfügung stellen kann.

Ein hoher Grad an Automatisierung und Autarkie in Kombination mit transparenter Kooperation und Kommunikation mit anderen Abteilungen, insbesondere der Front, sind hierbei essentiell und fördern durch Integration nicht nur das Risikomanagement per se sondern auch das Geschäft und dessen Nachhaltigkeit.

4 Literaturhinweis

PwC-Studie „Re-evaluating how your company addresses risk", http://www.pwc.com/en_US/us/risk-assurance-services/publications/assets/pwc-risk-in-review-2014.pdf; Abrufdatum 26.5.2015.

High Performance Culture: Spitzenleistungen erfordern eine motivierende Leistungskultur

■ Um eine langfristige gesteigerte Leistungsfähigkeit zu erzielen ist eine Unternehmenskultur erforderlich, die eine strategisch angemessene und anpassungsfähige Charakteristik hat.

■ Dazu müssen zuerst eine ehrliche Bestandsaufnahme der Ist-Kultur durchgeführt und auch unbequeme Realitäten, z.B. im Hinblick auf existierendes Führungsverhalten, offen angesprochen werden.

■ Die betroffenen Mitarbeiter sollten so früh wie möglich in den Prozess der Maßnahmenbestimmung eingebunden werden.

■ Der größte Erfolgsfaktor bei der Etablierung einer Leistungskultur ist und bleibt jedoch das aktive Vorleben der neuen Kulturelemente durch die jeweiligen Führungskräfte.[1]

---

[1] Die folgende Publikation reflektiert die persönliche Meinung der Autorin, und nicht diejenige der Zurich Insurance Group.

■ Der Autor

Monica Otten, Director Cultural Change, Zurich Insurance Group.

1 Grundlagen

Zur Spezifikation dessen, was (Unternehmens-)Kultur ist, lassen sich vielfältige Definitionen heranziehen. Hier soll auf die Definition von Schein zurückgegriffen werden, der Kultur wie folgt definiert:

„Culture (of a group) can be defined as a pattern of shared basic assumptions learned by a group as it solved its problems of external adaptation and internal integration, which has worked well enough to be considered valid and, therefore, to be taught to new members as the correct way to perceive, think and feel in relation to those problems."

Zwischen Unternehmenskultur und -leistungsfähigkeit wird im Schrifttum ein Zusammenhang konstatiert. Es gilt das Argument, dass eine starke, d.h. eine auf Vertrauen, Fehlertoleranz und Ergebnisorientierung aufgebaute Unternehmenskultur auch eine starke Leistungsfähigkeit mit sich bringt. Um eine langfristige gesteigerte Leistungsfähigkeit zu erzielen, muss demnach eine Unternehmenskultur aufgebaut werden, die eine strategisch angemessene und anpassungsfähige Charakteristik hat.

Leistung und Kultur hängen zusammen

Eine solche Leistungskultur kann auch als „High Performance Culture" (HPC) bezeichnet werden. Um wirkliche, nachhaltige und langfristige Leistungssteigerung zu erzielen, muss eine HPC den jeweiligen Umständen im Unternehmen Rechnung tragen. Je besser der kulturelle Fit, desto besser die Leistung. Der Zusammenhang Kultur und Leistung muss deshalb auch immer die Verbindung von Kultur und Umfeld berücksichtigen.

Eine „one size fits all"-Empfehlung gibt es, ungeachtet der unzähligen Veröffentlichungen, in diesem Bereich konsequenterweise nicht. Damit die richtigen Voraussetzungen geschaffen werden können, die eine HPC überhaupt erst ermöglichen, ist es zunächst erforderlich, das bestehende Umfeld zu analysieren, die Kernhindernisse zur Realisierung einer HPC zu identifizieren und gezielt Maßnahmen zu ergreifen, die das bestehende Umfeld optimieren.

Der Aufbau einer HPC ist in der Praxis bisher stark mit Themen wie Führungsleitbilder, Verhaltensmustern und Mitarbeiterförderung geprägt. Daneben müssen jedoch immer auch Maßnahmen identifiziert und umgesetzt werden, die auf die Optimierung des Umfelds abzielen und so überhaupt erst die Grundlage für eine dauerhafte HPC schaffen.

Die folgenden Abschnitte zeigen eine systematische Vorgehensweise, wie ein solch optimiertes Umfeld für eine HPC aufgebaut werden kann.

2 Vorgehensweise

Die systematische Vorgehensweise um die erforderlichen Rahmenbedingungen für eine HPC zu schaffen umfasst die nachfolgenden Schritte:

1. Bildliche Beschreibung der Ist-Situation und Definition der HPC Vision.
2. Definition der Kulturtransformation.
3. Planung der Umsetzungsaktivitäten.
4. Einbindung der Führungskräfte und Mitarbeiter.

2.1 Bildliche Beschreibung der Ist–Situation und Definition der HPC Vision

Vorweggreifend kann festgehalten werden, dass es folgende Bausteine für die Erstellung der Ist-Situation und die Definition der HPC-Vision sowie der HPC-Strategie braucht:

1. **Spiegelung der Ist-Situation** insb. via anonymisierter Zitate aus Interviews mit Führungskräften über den Ist-Zustand, via die von Mitarbeitern erstellte bildliche Darstellung des Ist-Zustands sowie über gezielte Mitarbeiterumfragen hinsichtlich der Soll-Kultur.
2. **Bestimmung der Kernthemen** aus der Ist-Situation, die sich aus der Spiegelung der Diskussionen und den Herausforderungen im bestehenden Umfeld ableitet.
3. **Erarbeitung der HPC-Vision**, die sich aus den Kernthemen der Beschreibung des Erfolgs in der Zukunft ableitet.

2.1.1 Spiegelung der Ist–Situation

Diskrepanzen in der Wahrnehmung

Eine Organisation besteht aus Individuen. Deren Auffassung der bestehenden (Leistungs-)Kultur ist in der Regel nicht immer einheitlich. Eine besondere Diskrepanz in der Wahrnehmung der Kultur besteht typischerweise zwischen den Führungskräften und den Mitarbeitern. Je größer der Wahrnehmungsunterschied zwischen der Führungsebene und den Mitarbeitern, desto größer ist die Diskrepanz in der Wahrnehmung der eigentlichen Realität, was sich dann auch tagtäglich in der Organisation widerspiegelt.

Z.B. werden die Herausforderungen, denen Mitarbeiter im Kundendienst gegenüberstehen auf Führungsebenen oft nicht im gleichen Maße wahrgenommen. Doch auch innerhalb der jeweiligen Führungsebenen gibt es oft Diskrepanzen im Verständnis bspw. hinsichtlich der Strategie, der Ziele oder der Aufgabenverteilung die im Effekt ein optimales Umfeld nicht unterstützt.

Aus diesem Grund ist es zunächst erforderlich, die Ist-Situation gründlich zu analysieren. Diesem Schritt sind genug Zeit und Ressourcen zu widmen. Je klarer das Verständnis der Ist-Situation, desto präziser wird die Erkenntnis, welche Maßnahmen den größten Effekt auf die Gestaltung eines optimalen HPC-Umfelds haben können. Es gibt dabei verschieden Ansätze für die Erstellung der Ist-Situation die alle das gleiche Ziel haben: Transparenz über das bestehende Umfeld schaffen.

Gründliche Analysen kosten Zeit und Geld

Abb. 1: Visualisierungsbeispiele zur Beschreibung der Ist-Situation

Ein Ansatz, der sich in der Praxis bewährt hat, ist die Spiegelung der Ist-Situation auf Basis von bildlichen Analogien. Ziel ist es, so der nackten Wahrheit bzw. ggf. einer harten Realität ins Auge zu schauen. Auf Führungsstufe kann die Spiegelung der Realität durch symbolisierte fotographische Darstellungen, anonymisierten Zitaten aus den Interviews oder gezielten Mitarbeiterumfrage erreicht werden. Dieser Ansatz dient nicht nur dazu, absolute Transparenz zu schaffen, sondern auch um die „sense of urgency", d.h. die gefühlte Dringlichkeit zu ermitteln. Eine klare sense of urgency ist unerlässlich um Denkweisen zu ändern. Denkweisen beeinflussen direkt Verhaltensweisen. Je stärker die sense of urgency, desto stärker ist der Umdenkprozess und desto größer die Wahrscheinlichkeit, dass die erforderliche Veränderungsbereitschaft gewährleistet werden kann.

Bildliche Darstellungen fördern Akzeptanz und Verständnis

Üblicherweise ist die Reaktion der visualisierten Realität erst einmal eine direkte Ablehnung. Es ist menschlich, dass man sich erst durch verschiedene Stadien begeben muss, bevor man eine Realität akzeptieren kann. Je härter die Realität, desto schwieriger ist die Akzeptanz. Dies ist eine emotionale und keine rationale Reaktion. Kübler-Ross nannte diese Stadien „The 5 Stages of Grief".[2] Der komplette Verlauf der Adaption an Veränderungen wird gemäß Kübler-Ross als 5-phasiger Prozess beschrieben und umfasst die bekannten Teilphasen Denial, Anger, Bargaining, Depression, Acceptance.

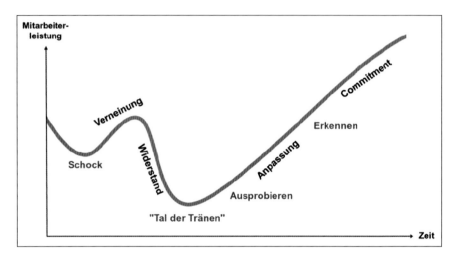

Abb. 2: Veränderungsverlaufskurve

Um diese Reaktion zu bewältigen, braucht es einen starken „Facilitator", der diese Emotionen in konstruktive Umdenkprozesse wandelt und die Führungsstufe dazu bringt, die gezeigte Realität zu akzeptieren. Nur dann ist es gewährleistet, dass Einigkeit und Akzeptanz hinsichtlich der Ist-Situation besteht und diese im folgenden konstruktiv in Kernthemen der Kulturarbeit verarbeitet werden können. Typischerweise kristallisieren sich diese kritischsten Themen dabei schon in der Diskussion der visualisierten Realität heraus.

2.1.2 Bestimmung der Kernthemen

Mit der Akzeptanz der Ist-Situation und der wahrgenommenen Handlungsnotwendigkeit, können die Kernthemen angegangen werden. Typische Kernthemen die auf eine HPC abzielen sind bspw.

- das Kernverhalten von Führungskräften und Mitarbeitern,
- die Führungsmethoden von Führungskräften mit Mitarbeitern,
- das Förderung und die Entwicklung von Mitarbeitern basierend auf einer meritokratischen Beurteilung,

---

[2] Kübler-Ross, 1969.

- die Transparente und ehrliche Kommunikation auf allen Stufen,
- die Anpassung von arbeitsspezifischen Prozessen und/oder organisatorischen Strukturen.

2. Feedback & Coaching	1. Leadership	3. People Development
Feedback & Coaching are built into our core behaviours to make our people successful. • Open, transparent and honest feedback is given regularly. • A people mind-set is in place. • Coaching takes place regularly and is effective.	**1. Leadership** The leaders demonstrate leadership and operational excellence. • Leaders act in one direction and behave as role models. • Collaboration is lived and opportunities are created for others. • Leaders have an active interest in and engage with staff on delivering high quality client work.	**People Development focuses on maximising our people's potential.** • Development is discussed with honesty. • Aspirations and staffing are discussed. • Talent is identified and managed successfully.
5. Gender Diversity		**4. Performance Management**
Diversity is integral to high performance. • Women know how to navigate a male dominated environment. • Coaches are aware of the particular challenges women face. • Career and family can be effectively combined, making the firm an attractive employer for female talent.		**Performance is managed effectively to foster high performance.** • Performance is determined by the value, quality and outcome we have created for clients, people and firm. • Team performance on client projects and internal activities are rewarded. • Leaders have an active interest in and engage with staff on delivering high quality client work.
Achieving the objectives will lead to a significant improvement in the firm's culture		

Abb. 3: HPC Vision

2.1.3 Bestimmung der HPC-Vision

Diese Kernthemen adressieren damit auch den Kern der zukünftigen HPC-Vision. Wie sieht die Führung, Leistungsbeurteilung, Mitarbeiterförderung, Organisationskommunikation in einer HPC-geprägten Zukunft aus? Welche Verhaltensweisen sind für eine HPC wichtig?

Hier ist es wichtig, dass sich die Diskussionen um die HPC-Vision **strategisch angemessen** und **anpassungsfähig** mit den **HPC-Charakteristika** auseinandersetzen, damit die passende HPC Vision gewählt werden kann.

Abb. 4: Signierte HPC-Charta

<table>
<tr><td>Eine HPC-Charta signalisiert den Mitarbeitern das Commitment der Führungskräfte</td><td>Wie der HPC-Erfolg letzten Endes aussieht, kommt dabei stark auf die Organisation an. Im Schrifttum werden Erfolgsindikatoren folgendermaßen beschrieben:</td></tr>
</table>

- „higher performers simply looked, felt, and sounded more active than lower performers"[3] Hinzu kommen noch

- ein starkes Wertesystem,

- Gerechtigkeit und eine

- starke Ausrichtung an den wichtigsten Anspruchsgruppen.

I. d. R. wird die HPC-Vision symbolisch in einer **Charta** festgehalten und darauffolgend praktische Maßnahmen abgeleitet.

---

[3] Kotter/Heskett, 1992.

2.2 Definition der Kulturtransformation

Vorweggreifend kann festgehalten werden, dass es folgende Bausteine für die Kulturtransformation braucht:

- **Unterstützung der Mitarbeiter** – Ist- und Soll-Zustand und das optimale Umfeld ist von der Führungsebene vorgestellt und besprochen, das Verständnis und die Veränderungsbereitschaft in den Mitarbeitern etabliert.
- **Einbindung der Mitarbeiter** – Maßnahmen in den Kernthemen werden von Mitarbeitern in Workshops erstellt, und ein Mechanismus ist ausgearbeitet, der den einzelnen Mitarbeiter für seinen Beitrag belohnt.
- **Veränderungswiderstand der Mitarbeiter** – ein Plan ist erstellt um die Widerstände der Mitarbeiter gegenüber Veränderungen proaktiv anzugehen.

2.2.1 Unterstützung der Mitarbeiter

Jede moderne Organisation hat immer zahlreiche Initiativen und Programme parallel am Laufen um sich zu verbessern. Ständig kommen neue Projekte und Maßnahmen hinzu und es wird schwieriger, dies alles zu bewältigen. Die Gefahr besteht, dass der Überblick verloren geht.

Mitarbeiter so früh wie möglich in die Entwicklung einbinden

In diesem Schritt ist es wichtig, dass Maßnahmen identifiziert werden, die geeignet sind, das optimale HPC-Umfeld zu etablieren. Ebenso ist es wichtig, dass diese Maßnahmen nicht isoliert angegangen und dass die Mitarbeiter von Beginn an mit eingebunden werden. In der Regel sind HPC-Maßnahmen direkt mit anderen organisatorischen Initiativen verknüpft und sollten daher auch dort mit integriert werden, um ein einheitliches Vorgehen zu erzielen. Bei einer Abgrenzung der HPC-Maßnahmen von anderen Initiativen besteht das Risiko, dass das gewünschte Ergebnis nicht erzielt wird und damit die Grundlage für eine starke HPC nicht geschaffen werden kann.

In der Erstellung von Ist-Situation und HPC-Vision, war das Verständnis und die Veränderungsbereitschaft von Führungskräften ausschlaggebend. In der Erstellung von Maßnahmen ist dies auch der Fall, jedoch kommt hier die Mitarbeiterebene als zusätzliches Element hinzu. Es ist deshalb wichtig, dass hier bereits das Vorleben von Führungskräften beginnt. Nur so können Mitarbeiter das Verständnis und die Veränderungsbereitschaft entwickeln. Denn die Erstellung von Maßnahmen muss in Zusammenarbeit mit den Mitarbeitern stattfinden und nicht im stillen Kämmerlein.

Typische Ansätze um die Unterstützung der Mitarbeiter zu erhalten sind bspw.

- frühe Kommunikation mit Mitarbeitern um das Verständnis und die Veränderungsmotivation für eine HPC aufzubauen,
- regelmäßige Sitzungen in denen die Anliegen und Herausforderungen von Mitarbeitersicht konstruktiv beantwortet und angegangen werden können,
- regelmäßige Sitzungen in denen die persönlichen Auswirkungen der Änderung direkt mit dem Mitarbeiter vertraulich besprochen werden können, und die Frage „was habe ich davon" konstruktiv und transparent beantwortet werden kann

2.2.2 Einbindung der Mitarbeiter

Die Mitarbeiterebene ist das Herz der Organisation. Dort findet die eigentliche Arbeit statt, die der Organisation letztlich den finanziellen Erfolg generiert. Die Organisation muss sich deshalb darauf verlassen können, dass auch ihre Mitarbeiter ein gemeinsames Ziel vor Augen haben und genauso wie die Führungsebene das Verständnis und auch den Veränderungswillen zeigen. Nur so ist gewährleistet, dass alle einheitlich auf das optimale HPC-Umfeld hin arbeiten.

Die transparente Darstellung der Ist-Situation und der HPC-Vision hilft das Verständnis und die Veränderungsbereitschaft in Mitarbeitern zu verstärken. Zusätzlich muss der Mitarbeiter jedoch auch für sein Engagement anerkannt und belohnt werden. Hier sollte ein transparenter Mechanismus erarbeitet werden, der direkt in der Leistungsbeurteilung des Mitarbeiters eingebaut ist. D. h. die Zeitaufteilung zwischen der Arbeit im Tagesgeschäft und dem individuellen Beitrag zu Initiativen muss dementsprechend gemessen, bewertet und am Ende belohnt werden.

Insgesamt gewährleistet die Einbindung von Mitarbeitern in der Ausarbeitung der Maßnahmen auch, dass die Änderungen eine größere Unterstützung von Anfang an erzielen. Schlussendlich müssen sie die Maßnahmen umsetzen.

Typische Ansätze für die Einbindung der Mitarbeiter sind bspw.

- die frühe Kommunikation mit Mitarbeitern um das Verständnis und die Veränderungsmotivation für eine HPC aufzubauen,
- das Feedback der Mitarbeiter um die Ist-Situation und die HPC-Vision zu erstellen,
- die Einbindung der Mitarbeiter in der Ausarbeitung der Maßnahmen,

- das Pilotieren von Maßnahmen mit Mitarbeitern um die optimale Lösung gemeinsam zu erstellen,
- die regelmäßige Kommunikation mit Mitarbeiter über Projekterfolge und wie sich die Änderung auf den Mitarbeiter persönlich auswirken wird („was habe ich davon").

Die eigentliche Erstellung der Maßnahmen sollte sich nach der Ist-Situation und HPC-Vision richten. Diese spezifische Zielsetzung im Kernthema setzt den Schwerpunkt auf das Verständnis (warum brauchen wir diese Maßnahme?), auf den Mechanismus (müssen Strukturen und Prozesse geändert werden?), auf die Kenntnisse (braucht es spezifische Skills um es auszuführen?), und auf das Vorleben (was braucht es um gelebt zu werden?).

Typische Maßnahmen beziehen sich auf die Optimierung von Kenntnissen und Kompetenzen, auf Führungsentwicklung und -fähigkeiten, auf arbeitsspezifische Strukturen und Prozesse, auf neue Verhaltensweisen oder auf arbeitsspezifischen Prozesse. Mitarbeiter sollten gezielt auf die Kernthemen verteilt werden und dort in Teams Maßnahmen ausarbeiten, die zielführend zum optimalen HPC-Umfeld beitragen.

2.2.3 Veränderungswiderstand der Mitarbeiter

Widerstand gegen Veränderungen ist menschlich und kann aktiv adressiert werden. Typische Gründe für Widerstand sind bspw.

- dass Mitarbeiter keine Kenntnis über die anstehenden Veränderungen haben,
- dass die Auffassung vorherrscht, dass die Veränderungen einen negativen Einfluss auf dem bestehenden Job entfalten werden oder dass sie diesen gar verlieren können,
- die Wahrnehmung, dass in der Vergangenheit Veränderungsinitiativen nichts geändert haben,
- dass keine aktive Einbindung im Veränderungsprozess erfolgt oder
- dass es eine fehlende aktive Unterstützung vom direkten Vorgesetzten gibt.

Widerstand ist deswegen gerade auf Mitarbeiterebene akut und muss deshalb proaktiv angegangen werden.

Wie auf Führungsebene, ist es auch auf Mitarbeiterebene wichtig, dass es einen starken Facilitator gibt, der Veränderungswiderstände direkt ansprechen kann. In diesem Fall sollte der Facilitator der direkte Vorgesetzte sein. Die Nähe von Mitarbeitern zu ihrem Vorgesetzten gewährleistet, dass die Hauptgründe für Veränderungswiderstand präziser und schneller identifiziert und gelöst werden können.

Erster Ansatzpunkt für ein effektives Veränderungs- bzw. Widerstandsmanagement ist deshalb, den Grund für den Widerstand genau zu verstehen. Oft kommt der Widerstand bspw. nur deshalb, weil die Veränderung nicht verstanden wird.

Sobald die Ursachen für Veränderungswiderstände bekannt sind, gibt es vielfältige Möglichkeiten diese effektiv zu managen und zu minimieren. Hier ist es wichtig zu analysieren wo sich der Mitarbeiter auf der Veränderungskurve befindet. Ist es eine Frage des Verständnis, dann kann dies ggf. schon durch weitere Erklärung gelöst werden. Ist es eine Frage der Veränderungsmotivation, dann kann ein persönliches Gespräch über das „what's in it for me" mit dem Vorgesetzten die Lösung sein. Ist es eine Frage des Wissens, dann kann ein gezieltes Training angewendet werden. Ist es eine Frage des Umsetzens, dann kann man auf Coaching oder Mentoring zurückgreifen. Es gibt viele Möglichkeiten Veränderungswiderstände aktiv und effektiv anzugehen. Die oben genannten Beispiele können während des Projekts fortlaufend und auch in Kombination angewandt und in der Umsetzungsplanung als Prüfpunkte mit eingebaut werden.

2.3   Umsetzungsplanung

Vorweggreifend kann festgehalten werden, dass folgende Punkte in der Umsetzung zu beachten sind:

- **Einheitliche Integration** in bestehenden Initiativen.
- **Starke Koordination der Implementierung** von Anfang bis Ende.
- **Realistische Bestimmung des Kosten-Nutzenverhältnisses** von Maßnahmen.
- **Verknüpfung von KPIs mit der HPC-Vision.**
- **Regelmäßige Überprüfung** von Baustellen und Interventionen, KPIs, und Verständnis, Verlangen, Fähigkeiten und Vorleben.

Bei der Implementierung der Maßnahmen gilt es, das Ziel nicht aus den Augen zu verlieren. Das Ziel ist es ein optimales Umfeld für eine HPC zu schaffen. D. h., dass eine strategisch angemessene und anpassungsfähige HPC-Kultur gelebt wird und die zielführenden Maßnahmen vollständig implementiert werden. Insbesondere wenn die Maßnahmen über eine längere Zeit laufen, kann es jedoch vorkommen, dass sie an Priorität verlieren und nur halbherzig umgesetzt werden. Die notwendigen Voraussetzungen für eine HPC können dann nicht geschaffen werden und die investierten Zeiten und Ressourcen wurden umsonst investiert.

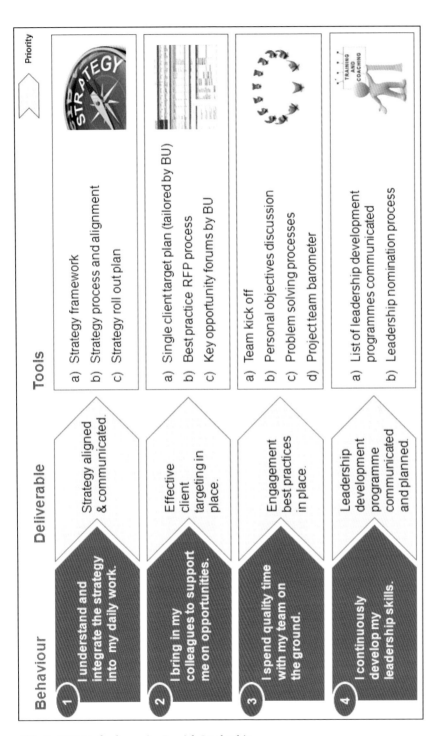

Abb. 5: HPC Maßnahmen im Bereich Leadership

Ein integrierter Implementierungsplan und das Nachhalten der erzielten HPC-Effekte verstärken die Wahrscheinlichkeit, dass die Maßnahmen bis zum Ende erfolgreich umgesetzt werden.

Auch HPC-Maßnahmen müssen ein positives Nutzen-Kosten-Verhältnis aufweisen

Der Nutzen von HPC-Maßnahmen kann direkt mit den arbeitsspezifischen Prozessen aber auch mit Verhaltensweisen verknüpft werden. Eine HPC-Maßnahme könnte bspw. sein, die Fähigkeiten der Mitarbeiter mit Kundenkontakt zu verstärken, weil so die Kundenzufriedenheit und -loyalität erhöht wird.

Das optimale Umfeld für eine HPC wären dann z. B. gut ausgebildete Fachkräfte. Der Netto-Nutzen wäre in dem Fall abhängig von den erhöhten Erträgen, die aus der gesteigerten Kundenloyalität resultieren, abzüglich der Kosten um die Fähigkeiten der Mitarbeiter aufzubauen (bspw. in Form von Trainings im technischen Bereich).

Hier ist es wichtig, dass der Erfolg nicht nur an der eigentlichen Umsetzung gemessen wird, sondern vor allem an der Auswirkung und den Endziel der umgesetzten Maßnahmen.

Zusätzlich ist es wichtig die Denk- und Verhaltensweisen auf der Führungs- und Mitarbeiterebene zu überprüfen. Der Änderungsprozess in Menschen findet oftmals nicht in einer geraden Linie statt, und die Einstellungen können sich während der Reise zum optimalen HPC-Umfeld mehrmals ändern. Das Risiko besteht darin, dass z. B. Führungskräfte, die am Anfang ein starkes Verständnis und eine hohe Veränderungsbereitschaft hatten, während der Implementierung wegen spezifischer individueller Herausforderungen ihre Meinung ändern und nicht mehr das Verständnis oder die Veränderungsbereitschaft zeigen. Das hat eine direkte Wirkung auf die Mitarbeiterebene, wo es erfolgskritisch ist, regelmäßiges Verständnis, Bereitschaft und Vorleben vorzuzeigen. Die regelmäßige Überprüfung von Verständnis, Veränderungsbereitschaft, Fähigkeiten und Vorleben als Teil der Implementierung, ermöglicht einen schnellen Eingriff auf allen Ebenen um die Sache wieder aufs Gleis zu bringen.

Hier kann man bspw. das Instrument einer Mitarbeiterumfrage verwenden, die ggf. schon in der Erstellung des Ist- und Soll-Zustandes gebraucht wurde. I. d. R. ist es hilfreich eine Startpunktbestimmung („Base Line") am Anfang zu erstellen und diese wiederholt während der Implemtierung zu überprüfen. So ergibt sich über die Zeit auch ein Bild, wie die Organisation sich auf das optimale HPC-Umfeld hin bewegt. Zusätzlich wird oft auch noch ein Self-Assessment benutzt, das auf Team und individueller Ebene angewendet wird. Es hilft Führungskräften und Supervisoren das Mikroklima im Team zu beurteilen und dementsprechend vor Ort und direkt geeignete Interventionen zu initiieren.

2.4 Einbindung von Führungskräften und Mitarbeitern

Vorweggreifend kann festgehalten werden, dass folgende Punkte in der Einbindung zu beachten sind:

- Führungskräfte müssen sich verpflichten, die HPC tatsächlich selbst **vorzuleben.**
- Vorleben und Commitment kann durch eine **Sponsorenkaskade** in die Organisation eingebettet werden.
- **Kommunikation** muss inhaltlich einheitlich sein, jedoch Frequenz und Methode auf die verschieden organisatorischen Ebenen zugeschnitten werden.
- Vorleben, Commitment und Kommunikation müssen regelmäßig **überprüft** werden um das gemeinsame Ziel einer optimalen HPC zu verstärken.

Ein Hauptbestandteil für eine HPC sind engagierte Führungskräfte und Mitarbeiter, die zusammen das optimale HPC-Umfeld gestalten und fortlaufend verbessern. Für eine solche Kultur müssen sich die Beteiligten dazu explizit verpflichten.

Diese Commitment muss in erster Linie von den Führungskräften geleitet werden. I. d. R. ist dies der Executive Sponsor, der die Reise zum optimalen HPC-Umfeld vorlebt und zielgerecht auf eine HPC steuert. Er ist auch das Vorbild für die gesamte Organisation und setzt den Ton und die Direktion einer HPC. Seine individuelle Reichweite wirklich alle Mitarbeiter selbst zu beeinflussen, ist jedoch nicht unbegrenzt, weshalb seine Führungsteams als seine Verlängerung in die Organisation agieren muss.

Der Sponsor ist das Vorbild für alle Mitarbeiter

In zweiter Linie muss das Commitment deshalb von den Leitern der verschiedenen Organisationsbereichen vorgelebt werden. Die Sponsorenrolle auf dieser Ebene ist wichtig, da diese Führungskräfte einen direkten Einfluss auf die Vorgesetzten in den operativen Einheiten haben. Die Vorgesetzten agieren als „champions of change" und haben den direkten Draht zu der Mitarbeiterebene.

Das Vorleben der Veränderung muss letztlich auf jeder Ebene stattfinden. Wie viele Sponsorenebenen es gibt, kommt auf die Größe der Organisation an. Ein Großunternehmen hat oft einen Hauptsponsor, üblicherweise der CEO der Organisation. Die Businesssponsoren sind dann die Leiter der verschiedenen Organisationsbereiche. Diese Leiter haben champions of change in ihrem Organisationsbereich, die das Vorleben an ihre Mitarbeiter weiterleiten. Diese Kaskade gewährleistet, dass jede Ebene in der Organisation direkt beeinflusst wird. In kleineren Unternehmen kann es ausreichen, wenn die Geschäftsführer und

Veränderungen müssen auf allen Stufen vorgelebt werden

Abteilungsleiter diese verschiedenen Rollen vorleben, d. h. gleichzeitig sowohl Sponsor als auch champion of change sind.

Die Sponsoren und champions of change müssen zusätzlich zum Vorleben auch die richtigen Botschaften kommunizieren. Die Wahl der Frequenz und des Kanal ergibt sich aus der jeweilige Ebene innerhalb der Organisation. Z. B. ist die Kommunikation vom CEO-Sponsor zwar inhaltlich die gleiche wie die Kommunikation der champions of change, jedoch ist die Frequenz und der Kommunikationskanal anders um die Mitarbeiter zu erreichen. Der CEO-Sponsor kommuniziert möglicherweise durch ein organisationsweites Forum, wie eine Broadcast, und das vierteljährlich. Die champions of change kommunizieren direkt im Team-Meeting verbal mit den Mitarbeitern und das wöchentlich. Selber Inhalt, unterschiedlicher Kanal.

Während der Implementierung ist es maßgeblich, dass diese Kaskade auch überprüft wird, um festzustellen ob das Vorleben und die einheitliche Kommunikation auch tatsächlich in der Praxis stattfinden. Falls nicht, können Interventionsmaßnahmen eingeleitet werden.

Typische Ansätze für die Einbindung von Führungskräften sind bspw.

- das Feedback von allen Betroffenen Führungskräften einholen um ihre Vorstellungen und Erwartungen zu verstehen,
- die gezielte Auswahl von Führungskräften, die als Sponsoren und champions of change in Frage kommen,
- die Einbindung von Führungskräften in Entscheidungsgremien wie bspw. ein Steering Committee,
- die Entwicklung der Sponsorenfähigkeiten in Führungskräften durch gezieltes Coaching, Kommunikationsvorbereitung,
- die Entwicklung der Führungskräfte als Vermittler um Widerstand in Mitarbeitern proaktiv und konstruktiv anzugehen,
- ein regelmäßiger Austausch mit Führungskräften über die Fortschritte, Herausforderungen und Erfolge im Mitarbeiterkreis.

3 Zusammenfassung

Eine HPC braucht ein entsprechendes Umfeld für Führungskräfte und Mitarbeiter um „High Performance" überhaupt erst entwickeln zu können. D. h. es braucht eine strategisch angemessene und anpassungsfähige HPC-Kultur, in der optimalen Bedingungen zur Leistungsentfaltung geboten werden.

Um dieses optimale Umfeld zu erreichen, muss zuallererst die Ist-Situation verstanden und akzeptiert werden. Daraus kann dann die HPC-Vision und die Charakteristika des erforderlichen HPC-Umfelds bestimmt werden. Zudem bewirkt die gemeinsam geteilte Sicht auf die kritische Differenz zwischen dem Ist- und dem Soll-Zustand, dass eine Veränderungsbereitschaft geschaffen wird, ohne die alle nachfolgenden Veränderungsmaßnahmen ins Leere laufen.

Sowohl die Einbindung von Mitarbeitern in die Erstellung und der Implementierung von Maßnahmen als auch die Integration der HPC-Maßnahmen zu anderen Initiativen, ist erfolgskritisch für den Erfolg dieses Veränderungsprozesses ebenso eine einheitliche und inhaltlich abgestimmte Kommunikation, die Ziele und Inhalte auch in größeren Unternehmen über viele Unternehmensebenen hinweg effektiv kaskadieren kann.

Der letztlich kritischste aller Punkte ist jedoch das faktische Vorleben der gewünschten Veränderungen durch die Führungskräfte auf der jeweiligen Ebene.

4 Lessons learned

Die Erfahrungen aus HPC-Projekten der letzten Jahre haben zahlreiche Lessons Learned herauskristallisiert:

1. Zumeist sind alle Bemühungen eine HPC zu schaffen anfangs gut gemeint und zielgerichtet auf die wichtigsten Anspruchsgruppen ausgerichtet. Jedoch ist es schwer diese Zielrichtung langfristig beizubehalten, weil derartige Veränderungsprozesse oftmals langjährige Prozesse darstellen, die einen signifikanten Aufwand und viel Zeit erfordern. Wirtschaftliche Zyklen oder Wechsel auf der Führungsebene können diese Veränderungsprozesse deshalb leicht unterbrechen und gar zum Stillstand bringen.

2. Die Visibilität des Sponsorships kann verloren gehen, obwohl das persönliche Commitment eigentlich noch da ist. Gerade aufgrund der tendenziell langen Projektlaufzeit kann es dazu kommen, dass der Veränderungsprozess zwar mit großer Begeisterung und großer Teilnahme aus allen Bereichen angefangen hat, jedoch über die Zeit an Momentum verliert. Die Maßnahmen werden ohne ständige Reiteration und aktives „ins Bewusstsein rufen" sonst irgendwann nur noch rein mechanisch eingeführt aber nicht mehr wirklich gelebt.

3. Die Schlussfolgerung ist deshalb, dass man zur Realisierung einer HPC-Vision ein beständiges Sponsorship mit einem starken und visiblen Commitment braucht. Zudem muss das Sponsorship den

Aufwand und Investition akzeptieren und ein Team dedizieren, welches die HPC-Vision aus einer Projektperspektive frühzeitig vorbereitet und vorantreibt und mit dem entsprechenden Change-Management von Anfang an begleitet.

4. Organisationen sollten so früh wie möglich damit anfangen, die HPC zu leben. Auf keinen Fall sollten sie warten, bis alle Maßnahmen implementiert sind. D.h. die frühe Einbindung von Mitarbeitern ist von Anfang an ausschlaggebend. Die Maßnahmen sollten dabei flexibel genug bleiben, um die Umsetzungsmaßnahmen allfälligen neuen Rahmenbedingen anzupassen und damit sowohl Veränderungen der wirtschaftlichen Rahmenbedingungen als auch der Führungsteams zu begegnen.

5 Literaturhinweise

Schein, Organizational Culture and Leadership, 2010.

Kotter/Heskett, Corporate Culture and Performance, 1992.

Christensen, What is an Organization's Culture? in: Harvard Business School, August 2, 2006

Kübler-Ross, On Death and Dying, 1969.

Hiatt/Creasey, Change Management – The people side of change, 2012.

EPM-Technologien: Status quo, Trends und Marktführer

- ◼ EPM ist in erster Linie eine inhaltliche Herausforderung. Dennoch ist eine leistungsfähige IT-Unterstützung unverzichtbar.

- ◼ In dem Beitrag werden zunächst die Rolle von Softwarelösungen für die EPM-Umsetzung und die wichtigsten Trends dargestellt.

- ◼ Danach werden die großen Anbieter von Komplettlösungen und die wichtigsten kleinen Anbieter von Spezialsoftware vorgestellt und ihre Portfolios verglichen.

◼ Der Autor

Marc-Antoine Grepper, seit 2001 im Bereich Consulting Finance als Experte für Enterprise Performance Management tätig. Von 1999 bis 2001 war er Projekt Leader bei der Swisscom AG im Bereich IT Services. Er leitet bei PwC Zürich den Bereich EPM Technologies.

1 Rahmenbedingungen und Trends bei EPM-Software

1.1 Die Rolle von Informationstechnologien im EPM

Auch wenn in der Praxis oft der Eindruck entsteht, dass das Thema EPM sich letztlich nur um Kennzahlen und das Reporting derselben dreht, wäre eine Verengung des Themas darauf nicht zielführend. Um eine Organisation auf eine dauerhaft gesteigerte Leistungsfähigkeit zu führen, bedarf es vor allem einer klaren Ausrichtung auf die strategischen Ziele der Organisation und die Anpassung aller Programme und Projekte zur Umsetzung dieser Zielvorhaben. Das Thema EPM ist deshalb in erster Linie eine inhaltliche Herausforderung und erst später rücken dann Fragen nach einer geeigneten IT-seitigen Unterstützung in den Vordergrund.

EPM-Technologien unterstützen die Effizienz der einzelnen EPM-Teilprozesse

Sofern die inhaltlichen Aspekte jedoch, wie in den vorherigen Beiträgen beschrieben, umgesetzt wurden, kann eine geeignete IT-seitige Unterstützung eine effiziente Ausführung der einzelnen Prozesse unterstützen. Die IT-seitige Unterstützung konzentriert sich dabei aber in erster Linie auf die Effizienzsteigerung und weniger auf die Optimierung der Inhalte. Einzige Ausnahme stellt hier die Unterstützung des Projekt-Portfolio-Managements (PPM) dar, weil eine dedizierte technologische Unterstützung hier bei der Auswahl der relevantesten Projekte unterstützen und so bei der Selektion der „richtigen" Projekte helfen kann.

Aus der nahezu unendlichen Vielzahl von Softwarefirmen, die sich im wachsenden Markt des EPM positionieren, werden im Nachfolgenden jeweils vier Beispiele von großen Anbietern sowie drei spezialisierte Anbieter präsentiert. Um die Auswahl der vorgestellten Anbieter zu objektivieren, orientieren wir uns bei der Auswahl der großen Anbieter an den Aussagen von Gartner, einer in der IT-Branche bekannten und auf den Vergleich von Softwareanbietern spezialisierten Firma. Bei den Anbietern der spezialisierten Softwarelösungen orientieren wir uns an den Rückmeldungen über die Zweckmäßigkeit und Zufriedenheit unserer Kunden.

1.2 Veränderungen im Markt der Softwareanbieter

Ab 2007 war am Softwaremarkt eine starke Übernahmeaktivität zwischen den damals wie heute größten Anbietern SAP, Oracle und IBM zu beobachten. SAP übernahm Unternehmen wie Outlooksoft oder Business Objects und erwarb damit noch fehlende Kompetenzen in der Datenanalyse und Visualisierung. Oracle akquirierte mit Siebel und Hyperion zwei Anbieter, die den Bereich Kunden- und Planungsdaten weiter abdeckten. Cognos übernahm mit Applix einen Spezialisten für vernetzte Datenhaltung, bevor es schließlich selbst von IBM aufgekauft wurde, dem genau dieser Aspekt im Portfolio noch fehlte. Aus vier Anbietern wurden so nur noch drei. Diese Marktkonsolidierung hatte für die drei Anbieter nicht nur die Folge, dass sie sehr schnell größere Bereiche aus dem EPM-Bereich abdeckten und damit grundsätzlich attraktiver für ihre Kunden wurden, sondern auch, dass die zugekauften Systeme aufwendig in die bestehenden Programme integriert werden mussten. Dies verlief einerseits nicht immer unproblematisch und führte andererseits dazu, dass andere – von Kunden teilweise stark eingeforderte Komponenten – aufgrund von Redundanzen sogar gänzlich eingestellt wurden.

Das einzige Unternehmen, das sich nur sehr wenig in diesen Konsolidierungsprozess involvierte, war Microsoft. Es entwickelte (nach der Einstellung des eigenen Produkts Performance Point Server) neben seiner professionellen Datenbank MS SQL Server stattdessen weniger mächtige Lösungen wie Excel und Access weiter in Richtung eines „Self-Service-BI-Portfolios", was aufgrund der hohen Verbreitung der Anwendungen als ebenfalls erfolgreiche Strategie angesehen werden kann.

1.3   In-Memory-Technologien als aktueller Megatrend

Gemäß Berechnungen aus dem Jahr 2011 verdoppelt sich das weltweite Datenvolumen alle 2 Jahre. Dies ist vor allem darauf zurückzuführen, dass heute in den verschiedensten Wirtschafts- und Wissenschaftsbereichen massive Mengen an strukturierten und unstrukturierten Daten auf maschinelle Art generiert werden. Man denke dabei z.B. an Telekommunikationsverbindungen, Börsentransaktionen, GIS-Informationen, aber auch an die Flut von Transaktionen, welche in einem klassischen ERP-System generiert werden.

Klassische relationale Datenbanksysteme und -applikationen kommen bei der Auswertung solcher Datenmengen schnell an ihre technischen Grenzen und sind oft nicht in der Lage, für den Anwender zumutbare Antwortzeiten zu liefern. Die Herausforderung liegt dabei in der parallelen Verarbeitung von vielen langen und komplexen Datensätzen, dem Import großer Datenmengen in ein System, der sofortigen Abfrage von Informationen (Realtime Processing) und natürlich der stetig steigenden Anforderung der Anwender, Information jederzeit und immer in Echtzeit zur Verfügung zu haben.

In-Memory-
Technologien
halten die
auszuwertenden
Daten im
RAM-Speicher vor

Um mit dieser Entwicklung Schritt zu halten, verfolgt die Branche verschiedene Strategien in der Entwicklung dedizierter Software und neuer Hardwarekonzepte. Die seit einigen Jahren auf dem Markt erhältlichen In-Memory-Technologien stellen dabei einen zentralen Baustein dar. Vereinfacht gesagt repräsentieren In-Memory-Datenbanken Datenbankmanagementsysteme, die den flüchtigen Speicher (RAM) eines Computers als Datenspeicher nutzen bzw. die auszuwertenden Daten darin vorhalten. Damit unterscheidet sich ein solches System von herkömmlichen Datenbankmanagementsystemen, die dazu Festplattenlaufwerke verwenden. Insbesondere die In-Memory-Lösung von SAP (HANA) kombiniert dabei unterschiedliche Techniken sowohl im Software- als auch im Hardwarebereich, im Branchenjargon „Appliance" genannt. Die Software kombiniert den bei In-Memory-Datenbanken üblichen spaltenorientierten Ansatz mit der in relationalen Konzepten verbreiteten zeilenorientierten Technologie. Auf der Hardwareseite wird der Hauptspeicher durch den CPU-Cache ersetzt und die Datenhaltung von den Festplatten in den Hauptspeicher verschoben. Dadurch werden deutliche Performancevorteile im Vergleich zu herkömmlichen Technologien erreicht.

Am Markt stehen für die verschiedensten Bedürfnisse eine ganze Reihe von Open-Source- und kommerziellen Lösungen zur Verfügung, wobei insbesondere die nachfolgend vorgestellten, drei großen Anbieter von EPM-Lösungen – IBM, Oracle und SAP – in diesen Bereich investiert haben und entsprechende Produkte anbieten.

Mit der Verschmelzung von ERP- und Data-Warehouse-Lösungen auf einer einzigen Plattform und dem Paradigmenwechsel in der Softwareentwicklung, der weg vom Dreischichtmodell hin zur Datenbank geht, lassen sich die Möglichkeiten, die solche Lösungen in Zukunft bieten werden, bereits erahnen.

2 Kurzvorstellung ausgewählter EPM-Softwareanbieter

2.1 Universallösungen

Als Beispiele für die universellen Softwareanbieter dienen im Folgenden Microsoft sowie die drei großen Anbieter SAP, Oracle und IBM.

2.1.1 Microsoft (Excel/Access)

Für IT-Administratoren ist ein komplett auf MS-Office-Produkten aufgebautes Unternehmensreporting der Albtraum. Und doch muss Jahr für Jahr aufs Neue konstatiert werden, dass gefühlte 99 % aller Unternehmen einen signifikanten Teil ihres Reportings zum überwiegenden Teil auf Excel-/Access-Lösungen aufbauen. Der Grund dafür ist so einfach wie einleuchtend: Excel ist die reportingseitige Umsetzung des Schweizer Armeemessers. In der Realität gibt es wahrscheinlich keine Führungskraft, die ihre aktuelle Position ohne gewisse Excel-Kenntnisse erworben hätte. Jeder Student, jeder Konzernvorstand, aber auch die meisten Privatpersonen beginnen irgendwann, bestimmte Zahlenreihen oder Rechnungen selbst in Excel durchzuführen. Excel kennt jeder und Excel kann bis zu einem gewissen Grad auch jeder, ohne dass dazu umfangreiche Schulungsmaßnahmen erforderlich oder eine Umgewöhnung an ein neues Tool vonnöten wären.

Im Hinblick auf eines der wichtigsten Beurteilungskriterien von EPM-Anwendungen, der Anwenderfreundlichkeit, kann Excel seine primäre Stärke voll ausspielen: Es bietet eine große Flexibilität im Umgang mit Daten, ist intuitiv und praktisch auf jedem Rechner vorinstalliert. Vor allem im Bereich der Ad-hoc-Analysen bietet Excel mit PowerPivot und anderen Zusatzprogrammen (sog. AddIns) mittlerweile einfache und sehr umfangreiche Analysemöglichkeiten.

Aber so offensichtlich die Vorteile sind, so stechen auch die Nachteile solcher Tabellenkalkulationslösungen ins Auge. Sie prägen den bekannten Ausdruck des „Spreadsheet Nightmare". Denn ungeachtet der Tatsache, dass Excel mittlerweile genauso auf Informationen von zentral administrierten Datenbanken zugreifen kann, handelt es sich bei den Excel-/Access-Lösungen in den Unternehmen oftmals um über die Jahre gewachsene Anwendungen, bei denen außer den Originalentwicklern praktisch keiner mehr einen vollständigen Überblick über alle relevanten Verlinkungen und datenseitigen Abhängigkeiten hat. I. d. R. fehlen wichtige Dokumentationen über die zugrunde gelegte Programmierung, jedes Tabellenblatt hat unendliche Verlinkungen zu unzähligen weiteren Tabellenblättern, die sich im Extremfall sogar gegenseitig referenzieren und auch die Zugriffsrechte sind oftmals eher nach tagesaktuellen Gesichtspunkten vergeben bzw. führen etliche schon lange nicht mehr im Unternehmen beschäftigte Mitarbeiter auf. Wenn sich dann noch gleichlautende Kennzahlen in den verschiedenen Tabellenblättern unterschiedlich berechnen, dann ist jedoch spätestens auf Stufe der Geschäftsleitung der Punkt erreicht, an dem über dediziertere EPM-Lösungen nachgedacht werden muss.

Ungeachtet aller berechtigten Einwände von Systemadministratoren ist und bleibt Excel/Access das meistgenutzte EPM-Tool

Zusammenfassend kann man dennoch feststellen, dass sich Microsoft mit den bekannten Excel-/Access-Anwendungen einen festen Platz im EPM-Markt sichert. Vor allem bei kleineren Firmen repräsentieren diese beiden Programme den klassischen Einstieg in eine erste professionelle softwareseitige Unterstützung des EPM.

2.1.2 SAP AG

SAP ist einer der führenden Anbieter im Bereich des Business Intelligence

Lange Zeit fokussierte sich die SAP auf ihr Kerngeschäft mit seinem betriebswirtschaftlichen Standardsoftwarepaket SAP R/3, was mittlerweile zu den erfolgreichsten ERP-Systemen weltweit zu zählen ist. Daneben fasste die SAP mit der Entwicklung ihrer Datenbanklösung SAP BW auch Fuß im Bereich des Business-Intelligence-Markts, d.h. im Markt für analysefähige Softwarelösungen, wo sie heute als einer der führenden Anbieter angesehen wird.

SAP verfügt in ihrem Anwendungsportfolio über kundenorientierte und leistungsstarke Softwarelösungen, die auf der tiefsten Stufe mit den transaktionalen Buchhaltungssystem beginnen und dann über die Datenhaltung (Data Warehouse, DHW) und die funktionalen EPM-Anwendungen wie Konsolidierung, Planung und Budgetierung bis hin zu den Frontend-Lösungen im Bereich der Datenvisualisierung (Dashboarding) und dem Mobile Reporting, d.h. die Betrachtung der Daten auf Smartphone oder Tablet, reichen.

Daneben bietet SAP sämtliche Kernanwendungen der SAP Business Suite auf Basis ihrer In-Memory Plattform HANA an, was auch die Lösungen im EPM-Umfeld miteinbezieht. Weil HANA zwar nicht die einzige, aber wahrscheinlich die am weitesten entwickelte In-Memory Lösung im Bereich von standardisierter Geschäftssoftware darstellt, werden nachfolgend noch einige Hintergrundinformationen detailliert.

Der Ursprung der Entwicklung von HANA lag letztlich in den Kundenbedürfnissen von drei großen SAP-Kunden. Diese haben zur Entwicklung der Lösung geführt, die 2010 zum ersten Mal einem breiteren Publikum vorgestellt wurde. Ursprünglich noch gezielt für Business-Intelligence- und Business-Analytics-Anwendungen entwickelt, laufen heute auch andere Anwendungen auf der HANA-Plattform. Dazu gehören neben weiteren SAP-Produkten auch alle SQL-basierten Anwendungen. Seit 2013 bietet SAP sämtliche Kernanwendungen der SAP Business Suite auf Basis von HANA an, was auch die Lösungen im EPM-Umfeld miteinbezieht.

Des Weiteren bietet SAP mit HANA XS zudem auch einen eng mit der Datenbank verbundenen Application Server an. So sollen zukünftig alle datenintensiven Programmanteile direkt in der Datenbank ablaufen. In

Kombination mit der Tatsache, dass SAP HANA zudem Stored Procedures (Befehl in Datenbankmanagementsystemen, mit welchen ganze Abläufe bzw. Programme aufgerufen werden können) unterstützt, sollten Entwickler so dazu bewegt werden, datenintensive Operationen direkt auf der Datenbank durchzuführen, wobei lediglich die Ergebnisse vom Application Server verwaltet werden. Mit diesem Konzept verschiebt sich ein beträchtlicher Teil der Logik vom Application Server auf den Datenbank-Server, was z.B. im Bereich von Konsolidierungs-, aber auch bei Planungslösungen einen weiteren und substanziellen Performancegewinn darstellt.

Für den Bereich des Enterprise Performance Management spielen im Portfolio der SAP die Lösungen in Tab. 1 eine zentrale Rolle.

Anwendungsname	Einsatzgebiet	Ursprung/Vormals
SAP Financial Consolidation	Finanzkonsolidierung	Cartesis
SAP Business Planning and Consolidation (SAP BPC)	Planung und Konsolidierung	Outlooksoft
SAP BW-IP	Integrierte Planung auf dem SAP BW	Eigenentwicklung
SAP SEM BCS	Konsolidierung	Eigenentwicklung
SAP BW	Business Intelligence Platform	Eigenentwicklung
SAP BO BI	Business Intelligence Platform	Business Objects
SAP BO Strategy Management	Strategiemanagement	Business Objects
SAP BO Analysis	Tabellenorientiertes Reporting	Business Objects
SAP BO Crystal Reports	Formatiertes Reporting	Business Objects
SAP BO Web Intelligence	Dashboards	Business Objects

Tab. 1: EPM-relevante SAP-Lösungen

Unter dem Label „BO" (Business Objects) fasst SAP sämtliche EPM-Lösungen unabhängig von deren Herkunft zusammen. Im Bereich der Konsolidierung bietet das Portfolio der SAP mit SEM-BCS, BO-FC und

SAP BPC sowie dem ERP-Modul EC-CS vier verschiedenen Lösungen an. Die Vorteile von **BO-FC** liegen in der vollständig programmierungsfreien Oberfläche sowie in der Skalierbarkeit der Lösung, die es erlaubt, sehr komplexe Konsolidierungen mit bis zu 42 mehrfach verwendbaren Dimensionen zu implementieren, ohne dass dies einen signifikanten Einfluss auf die Performance des Systems hätte.

Mit dem vormaligen Outlooksoft (**SAP BPC**) verfügt SAP über eine Lösung, die innerhalb eines Systems und auf einer einzigen Datenbasis mehr als nur einen EPM-Prozess (Planung und Konsolidierung) abdeckt. In der Netweaver Version verfügt SAP BPC mit seiner Integration ins SAP BW zudem über sämtliche Funktionalität der OLAP-Reporting-Plattform der SAP.

Durch die Akquisition von Business Objects ergänzte die SAP **BO-BI** und verschiedene Frontend-Applikationen wie bspw. Cyrstal Reports oder Web Intelligence und schloss so bestehenden Lücken im Bereich der Frontendanwendungen.

Die vermeintlichen Schwächen von SAP liegen in der mit dem Leistungsspektrum zusammenhängenden Größe bzw. Komplexität der verschiedenen Lösungen und damit in einer gegenüber kleineren Spezialanbietern nur eingeschränkten Flexibilität respektive Agilität. Des Weiteren besteht immer noch Nachholbedarf in der Integration der akquirierten Lösungen in die hauseigene Plattform SAP BW, obwohl auch hier zugestanden werden muss, dass gerade in diesem Bereich in den vergangenen Jahren große Fortschritte gemacht wurden. Der Betrieb und Unterhalt der Lösungen von SAP bleibt aber ohne eine spezialisierte IT-Fachkenntnis aufgrund der zum Teil komplexen Architektur und der unterschiedlichen Technologien nach wie vor unmöglich. Zudem unterstützt heute faktisch keines der vorkonfigurierten Module den Aspekt der Projektportfoliooptimierung, der als erfolgskritisch für den Strategietransformationsprozess identifiziert wurde.

2.1.3 Oracle

Oracle residiert im berühmten Silicon Valley in den USA. Ähnlich wie SAP wurde Oracle vor allem im Bereich der Unternehmenslösungen erfolgreich und gilt heute in diesem Bereich vor allem in den USA als der primäre Hauptkonkurrent von SAP. Durch die zahlreichen Akquisitionen (hier sind insbesondere die Firmen Peoplesoft, Siebel und Hyperion zu nennen) präsentiert sich die Liste der verfügbaren Teillösungen außergewöhnlich lang. Die Auflistung in Tab. 2 beschränkt sich deshalb auf eine Auswahl der für das EPM relevantesten Lösungen.

Anwendungsname	Einsatzgebiet	Ursprung/Vormals
Oracle HFM (Hyperion Financial Management)	Finanzkonsolidierung	Hyperion
Oracle Hyperion Financial Close Management	Jahresabschluss	Hyperion
Oracle Hyperion Disclosure Management	„Letzte Meile"	Hyperion
Oracle Hyperion Planning	Planung und Budgetierung	Hyperion
Oracle Scorecard and Strategy Management	Strategiemanagement	
Oracle Business Intelligence Enterprise Edition (OBIEE)	Analyse	Summe aller BI- und EPM-Werkzeuge
Oracle Essbase	Multidimensionale Datenbank und OLAP Server	Hyperion

Tab. 2: EPM-relevante Oracle-Lösungen

Bei **Oracle HFM** (Hyperion Financial Management) handelt es sich um ein leistungsfähiges und flexibles Werkzeug zur Konsolidierung. Die Lösung hat einen großen Bekanntheitsgrad, ist jedoch technisch anspruchsvoll und vergleichsweise teuer in Anschaffung, Implementierung und Betrieb. Es ist aus diesem Grund vor allem bei größeren Unternehmen im Einsatz. HFM verfolgt einen sog. „Framework Approach", bei welchem weitgehend auf der grünen Wiese begonnen wird, und verfügt dadurch praktisch über keine eingebauten Funktionen.

Oracle gilt vor allem in den USA als Hauptkonkurrent von SAP

Oracle Hyperion **Financial Close Management** stellt darauf aufbauend sämtliche Funktionalitäten für den webbasierten und zentralisierten Periodenabschluss und die damit verbundenen Aktivitäten zur Verfügung. Es unterstützt die bei einem Abschluss erforderlichen Aktivitäten wie den Abschluss des Haupt- und Nebenbuchs, Datenladeprozesse, einfache Konsolidierungsfunktionalitäten, Kontenabstimmung sowie standardisiertes internes und externes Reporting.

Oracle Hyperion **Disclosure Management** schließt dann noch die sog. „letzte Meile", also die Erstellung des Abschlussberichts und anderer externer Reporting-Anforderungen wie z.B. die Erstellung von XBRL- und iXBRL-basierten Berichten mit ein. Als vergleichsweise junges Produkt zeigen sich dort jedoch noch kleinere Schwächen im Bereich des kollaborativen Ansatzes, wie dieser z.B. bei den Produkten von IBM

(IBM Clarity) und Tagetik (Tagetik CDM) ausformuliert ist. Gemeint sind hier im Wesentlichen Funktionalitäten, welche es erlauben, dass mehrere Personen gleichzeitig an einem Dokument arbeiten, ohne dass es zu Versionenkonflikten oder gegenseitigen Überschreibungen kommt.

Oracle Hyperion **Planning** stellt das Pendant zu Oracle HFM im Bereich der Planung und Budgetierung dar. Der Lösung liegt als Datenbank Oracle Essbase zugrunde. Bei Oracle Essbase handelt es sich um eine multidimensionale Datenbank, die auch sehr komplizierte und umfangreiche Problemstellungen in der Planung und Budgetierung abarbeiten kann. Die Lösung als solches ist webbasiert und setzt technisch auf Java auf.

Oracle **Scorecard and Strategy Management** soll Unternehmen beim Management ihrer Strategie unterstützen. Die Lösung verfügt über die Möglichkeiten der Darstellung von Strategy Maps und Kennzahlen, die Abbildung eines rudimentären Projektmanagements i.S.d. Überwachung von einzelnen Maßnahmen und unterstützt die strategische Planung. Unter dem Themenbereich Oracle Business Intelligence Enterprise Edition (OBIEE) fasst Oracle dann alle einzelnen Lösungen im Bereich Business Intelligence und Enterprise Performance Management zusammen. Dies umfasst namentlich alle ehemaligen Siebel- und Hyperion-Produkte.

Zusammengefasst liegen die Stärken von Oracle vor allem in der Breite der unterstützten Bereiche sowie in der Tatsache, dass Unternehmen mit der Entscheidung für Oracle keine allzu stark fragmentierte IT-Landschaft aufbauen müssen, weil sie die einzelnen Teillösungen unter dem Dach desselben Softwareanbieter betreiben können. Die Schwächen liegen in der damit zusammenhängenden Größe bzw. Kompliziertheit der verschiedenen Lösungen, was eine eingeschränkte Flexibilität und Agilität zur Folge hat. Des Weiteren besteht immer noch ein gewisser Nachholbedarf in der Integration der akquirierten Lösungen. Der Betrieb und der Unterhalt der Lösungen von Oracle sind aufgrund der zum Teil vielschichtigen Architektur und der unterschiedlichen Technologien (unter demselben Dach) ohne spezialisierte IT-Fachkenntnisse nach wie vor nicht machbar. Zudem unterstützt faktisch keines der vorkonfigurierten Module – und damit genau wie im Fall der SAP – den Aspekt der Projektportfoliooptimierung in dem Maße, wie es für den ersten Teilprozess des EPM-Zyklus, die Strategietransformationssequenz, wünschenswert wäre.

2.1.4 IBM

Mit dem Gründungsjahr 1911 ist die International Business Machines Corporation (IBM) die älteste Firma, die sich technologisch im Gebiet des EPM bewegt. Ursprünglich auf die Entwicklung, Herstellung und den Vertrieb von Lochkarten-basierten Geräten und Schreibmaschinen spezialisiert, entwickelte sich die Firma zu einem der weltweit führenden Hersteller von Betriebssystemen, Computerprozessoren und Eingabegeräten weiter. IBM spielt spätestens seit der Übernahme von Cognos im Jahre 2008 eine führende Rolle im Bereich der Business Intelligence und damit automatisch auch im EPM. Wie SAP und Oracle, beteiligte sich IBM in den Jahren 2006 bis 2008 an der aggressiven Übernahmebewegung und akquirierte neben Cognos zusätzlich noch das Unternehmen Clarity, den damals führenden Anbieter im Bereich Collaborative Disclosure Management, einem Produkt, welches die sog. „letzte Meile" im Reporting abdeckt und bei der Erstellung des Abschlussberichtes und anderer externer Reporting-Anforderungen wie z. B. die Erstellung von XBRL- und iXBRL-basierten Berichten unterstützt.

IBM ist der älteste Anbieter von EPM-Lösungen

Anwendungsname	Einsatzgebiet	Ursprung/Vormals
IBM Cognos 8 Controller	Finanzkonsolidierung	Cognos
IBM Cognos Express	Finanzkonsolidierung	Cognos
IBM Cognos 8 Planning	Planung und Konsolidierung	Cognos
IBM Cognos TM1	Multidimensionale Datenbank und OLAP-Server	Cognos
IBM Cognos BI	Business Intelligence	Cognos
IBM Clarity 7	Collaborative Disclosure Management	Clarity

Tab. 3: EPM-Lösungen von IBM

Bei **IBM Cognos 8 Controller** handelt es sich im Bereich der Finanzkonsolidierung um eine moderne („State of the Art"-)Lösung mit guten Konsolidierungsfunktionalitäten. Eine Stärke der Lösung liegt in der Tatsache, dass nur sehr kurze Einführungszeiten nötig sind und die Lösung weitgehend unabhängig von einer zentralen IT-Fachabteilung durch die Empfängereinheiten wie bspw. das Controlling unterhalten und weiterentwickelt werden kann. Etwas schwieriger gestaltet sich der

Bereich der eigenen Berichtsmöglichkeiten, deren proprietäres Format, verglichen mit z. B. Excel-basierten Lösungen, eher unmodern erscheint.

Mit **IBM Cognos Express** bietet IBM seit 2009 eine Planungs- und Business-Intelligence-Lösung für kleinere bis mittlere Unternehmen an, wobei sich die Lösung als eine abgespeckte Kombination aus BI, TM1 und Informix präsentiert.

Bei **IBM Cognos TM1** handelt es sich im Wesentlichen um eine multidimensionale OLAP-Datenbank, ähnlich Essbase von Oracle, welches mit seiner In-Memory-Technologie sehr kurze Antwortzeiten auch bei komplizierten Geschäftsfällen und großen Datenmengen erlaubt. **IBM Cognos TM1 Web** unterstützt die webbasierte Präsentation von Excel-Arbeitsblättern sowie den Zugriff von webbasierten Anwendungen auf die Datenbasis. Durch die Verwendung von Excel als Entwicklungsumgebung sind die Anforderungen im Bereich der Berichterstellung an den Anwender sehr gering.

Unter dem Themenbereich **IBM Cognos BI** wartet IBM mit einer Vielzahl an einzelnen Lösungen für die verschiedensten Bereiche der Thematik (Reporting, Analysis, Scorecarding, Event Management u. a.) auf, mit deren Funktionalität es SAP und Oracle durchaus auf Augenhöhe begegnen kann.

Zusammengefasst liegen die Stärken des Portfolios der IBM in der Breite der unterstützten Bereiche und Funktionen und der damit eingehenden Voraussetzung, keine zu stark fragmentierte IT-Landschaft aufbauen zu müssen. Die Herausforderungen kommen aber ebenfalls mit den damit zusammenhängenden Aspekten, d. h. mit der fehlenden Integration der einzelnen Teillösungen, sowie mit der Kompliziertheit der Architekturen. Ohne hoch spezialisierte IT-Fachkenntnisse kann auch diese Software nicht implementiert und betrieben werden.

2.2   Spezialanbieter

Neben den Generalisten gibt es erwartungsgemäß eine große Anzahl von kleineren spezialisierten Softwarefirmen, die sich auf ganz bestimmte Aspekte des EOM konzentrieren. Im Nachfolgenden werden beispielhaft 3 Unternehmen vorgestellt, die es in den letzten Jahren zu einer bemerkenswerten Bekanntheit im EPM-Markt geschafft haben.

2.2.1 STRATandGO

Die Liechtensteiner Firma Procos hat mit ihrem Programm STRATandGO eine vergleichsweise etablierte Software im Bereich der dedizierten EPM-Anbieter anzubieten. Ursprünglich noch voll auf die Umsetzung von Balanced Scorecards konzentriert, werden mittlerweile dedizierte Module auch für das Risikomanagement, das Projektportfoliomanagement oder die Planung und Budgetierung angeboten. Diese decken bis auf den Bereich der Konsolidierung nicht nur sämtliche funktionalen Aspekte ab, sondern sind auch prozessseitig vollständig und auf einer einzigen Datenbasis integriert, wobei die Anwendung mit allen gängigen Datenbanken kompatibel ist.

Procos ist ein etablierter Spezialanbieter von EPM-Software

Anwendungs-name	Bereich	Module/Solutions
STRATandGO	SBS Business Scorecard	Reporting & Dashboarding
		Balanced Scorecard
		Projekt- und Projektport-foliomanagement
		Risikomanagement & IKS
	SBP Business Planner	Planung und Budgetierung
	SBA Business Analyzer	Analyse

Tab. 4: EPM-relevante Lösungen von Procos

STRATandGO gliedert sich in die 3 Hauptbereiche **Strategic Management** (SBS, Business Scorecard), **Planning and Budgeting** (SBP, Business Planner) und **Data Analysis** (SBA, Business Analyzer). Diese sind wiederum in unterschiedliche Module wie bspw. das Projekt-Portfolio-Management oder das Risikomanagement unterteilt. Basierend auf den Modulen werden dem Kunden sog. „Solutions", d.h. vorkonfigurierte Lösungen, in den jeweiligen Bereichen angeboten. Diese sind jeweils in Zusammenarbeit mit führenden Spezialisten auf dem jeweiligen Gebiet entwickelt worden und entsprechen im Wesentlichen den aktuellen Good Practices im jeweiligen Gebiet.

Die Stärken der Software liegen zum einen in der umfassenden funktionalen und prozessualen Unterstützung der wichtigsten EPM-Prozesse, was neben den klassischen Lösungsangeboten für das Management Reporting oder die Budgetierung vor allem auch die gesamte Strategietransformationssequenz und dort vor allem das Project Portfolio Management (PPM) betrifft. Die Software erlaubt es dem typischen Anwender, Auswertungen und Reports zu erstellen und mit den gewünschten Daten zu verknüpfen. Weil alle Elemente auf tiefer Ebene in einer Datenbank miteinander verbunden sind, lassen sich bspw. aktuelle Projektstatus von kritischen Projekten aus dem Finanzbereich direkt in die prognostizierten Finanzergebnisse einbetten und verlinken. Gleiches gilt für Risiken.

Während bei den Universalanbietern der Umgang und die Vernetzung der einzelnen (zugekauften) Teillösungen zu gewissen Nachteilen führten, ist es im Falle der Spezialisten oftmals die bis in die tiefsten Schichten der Software eingebaute Spezialisierung, die nicht nur Vorteile mit sich bringt. So kann im Falle von Procos bspw. genannt werden, dass das zugrunde liegende Datenmodell eine tabellarische Eingabe von Daten erfordert. Laut Firmenangaben wird aber mit Hochdruck an Lösungen für eine formularbasierte Dateneingabe gearbeitet.

2.2.2 Tagetik

Der 1986 eigentlich als reines Beratungsunternehmen gegründete Anbieter Tagetik hat seinen Sitz in Lucca, Italien. Die Unzufriedenheit mit den bestehenden Softwareangeboten und vor allem die Tatsache der fehlenden Integration zwischen den verschiedenen Lösungen für die verschiedenen EPM-Prozesse (keine der bis dahin angebotenen Lösungen war damals in der Lage, eine Mehrzahl der EPM-Prozesse in einer einzigen Lösung auf einer einzigen Datenbasis abzubilden) hatte Tagetik damals motiviert, eine Standardsoftware im EPM-Umfeld von Grund auf neu zu programmieren. Die erklärte Strategie sah von Beginn an vor, sich von einem hoch spezialisierten Anbieter zu einem Vollsortimentanbieter zu entwickeln und so die Marktanteile der Wettbewerber anzugreifen. Mittelfristig plant Tagetik, sich auf Augenhöhe neben Anbietern wie Oracle, SAP und IBM zu positionieren!

Tagetik fährt mit der gleichnamigen Lösung Tagetik 4 genauso wie Procos eine Ein-Produkt-Strategie, wobei beim Kunden das Gesamtpaket installiert und jeweils nur die lizenzierten Module aktiviert werden.

Anwendungsname	Bereich	Module/Solutions
Tagetik 4.0		Finanzkonsolidierung
		Planung und Budgetierung
		Reporting
		Collaborative Disclosure Management,

Tab. 5: EPM-relevante Lösungen von Tagetik

Tagetik 4 ist eine voll integrierte EPM-Software mit erkennbarem Fokus auf die Finanzprozesse und dort insbesondere auf die Bereiche der Planung und Konsolidierung (PM, GRC, BI, disclosure & communication). Alle Bereiche werden in einer Technologie auf einer einzigen Datenbasis unterstützt. Neben der Integration von Planung und Budgetierung mit der Konsolidierung ist als Stärke vor allem hervorzuheben, dass mit dem CDM- (Collaborative Disclosure Management-)Modul auch die sog. „letzte Meile", also die Erstellung des Abschlussberichts und anderer externer Reporting-Anforderungen, systemseitig unterstützt wird. Weil alle Module der Lösung in einem einzigen System auf einer einzigen Datenbasis zur Verfügung stehen, ist zudem hervorzuheben, dass Tagetik bspw. im Gegensatz zum „Framework Approach" von Oracle den Ansatz der „Built-In Functionalities" verfolgt. Das System lässt sich deshalb (bis auf wenige Ausnahmen im Bereich der Planung und Budgetierung) auch ohne detaillierte Programmierung durch menübasiertes „Customizing" implementieren.

Die Tatsache, dass das System auf einem relationalen Datenmodell aufbaut, führt jedoch auch dazu, dass es im Bereich der Performance bei sehr komplexen Planungsanwendungen sowie bei dem entsprechenden Reporting nicht immer seine volle Performance zeigen kann. Der Bereich der multidimensionalen Auswertungen wird deshalb durch einen mitgelieferten Reporting Cube für MS SQL Analysis Services abgebildet, um so das Problem zu umgehen.

Fokus von Tagetik liegt auf den Finanzprozessen und insb. auf der Konsolidierung

2.2.3 QlikView

QlikView ist das Produkt der Firma QlikTech, einem ehemals schwedischen Softwareunternehmen, das heute in den USA ansässig ist. QlikView wird gemeinhin zur Kategorie der Business Intelligence-Software mit Schwerpunkt auf Ad-hoc-Auswertungen gezählt. Mit QlikView können große Datenmengen sowohl optisch ansprechend visualisiert als auch vergleichsweise schnell aufbereitet und präsentiert werden.

Anwendungsname	Bereich	Module/Solutions
QlikView	Business Intelligence/ In Memory Analytics	

Tab. 6: EPM-Lösung von Qlik View

Der Fokus von QlikView liegt auf der Aufbereitung und Visualisierung von Daten

QlikView ist ein Analyse- und Reporting-System, das nur wenig Funktionalität im Bereich EPM anbietet. Die assoziative In-Memory-Suchtechnologie analysiert Daten in Echtzeit und liefert dem Anwender Erkenntnisse und Einblicke in die Geschäftsdaten. Die Lösung verfügt über eine Vielzahl grafischer Funktionalitäten und erlaubt es dem Anwender, sehr schnell und effizient grafisch ansprechende Auswertungen zu generieren. Die Datenspeicherung in QlikView basiert auf einer multidimensionalen Datenbank, die im Arbeitsspeicher gehalten wird und OLAP-Funktionalität bietet.

Durch den selbstgewählten Fokus auf die Datenvisualisierung bietet sich QlikView nur bedingt für ein standardisiertes oder formatiertes Reporting an und ist von daher nicht als umfassende BI-Lösung für sämtliche Belange im Bereich EPM/BI zu betrachten. Weil die Datenhaltung proprietär in einer Filestruktur abgebildet ist, fehlt hier auch der sog. „Audit Trail", d. H., dass die Generierung der Daten durch den Prüfer nicht im Detail nachvollzogen werden kann.

3 Zusammenfassung

Die drei großen Anbieter SAP, Oracle und IBM, die sich in den vergangenen Jahren aktiv an der Marktkonsolidierung beteiligt haben, fahren eine Mehrproduktstrategie. Hinter den Marktführern konnte sich vor allem Tagetik mit seiner Ein-Produkt-Strategie erfolgreich positionieren. Lässt man in einer Übersicht die Anbieter von Nischenprodukten außen vor, ergibt sich das in Abb. 1 dargestellte Bild der zur Zeit gängigsten Lösungen am Markt.

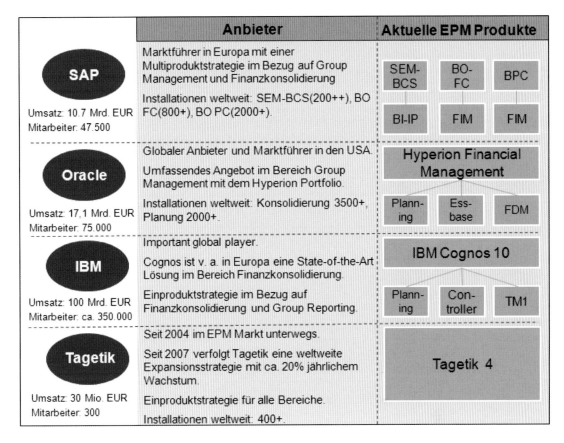

Abb. 1: Übersicht der 3 wichtigsten Anbieter mit einer Multiproduktstrategie und dem erfolgreichsten Newcomer im Bereich EPM

4 Lessons Learned

In den letzten Jahren haben sich vor allem drei kritische Lessons Learned herauskristallisiert:

1. Die IT unterstützt das EPM, indem es bestimmte Prozesse vereinfacht, beschleunigt oder weniger fehleranfällig macht. Wenn Unternehmen diese Logik umdrehen und ihr Management zu stark den IT-seitigen Realitäten anpassen, werden sie zwar sicherlich eine sehr effiziente – weil nahe am Standard liegende – Software besitzen, aber mittelfristig deutliche Einbußen ihrer Effektivität feststellen müssen. Deshalb gilt: Zuerst der Inhalt und dann die Software.

2. Je mehr softwareseitige Einzellösungen sie betreiben, desto aufwendiger wird die Pflege ihrer Systemlandschaft. Während es sicherlich ratsam ist, für noch nicht abgedeckte Bereiche der großen Anbieter eine spezialisierte Software einzusetzen (z. B. für das Projekt-Portfolio-Management), lohnt sich diese Individualität bei den klassischen EPM-Prozessen wie bspw. dem einfachen Management Reporting zumeist nicht. Deshalb: So viel Tools wie nötig, aber so wenig wie möglich.

3. Auch wenn es die meisten Führungskräfte zu verneinen versuchen, bleibt es eine Realität, dass ein schönes Design über viele Defizite an anderer Stelle hinwegzuschauen hilft. Wunderschön gestaltete und ansprechende Management Cockpits und Reports werden trotz vielleicht nicht immer vollständiger oder im Extremfall sogar teils irrelevanter Informationen immer noch leichter akzeptiert als die richtigen Kenngrößen und Datenreihen in schwer zu lesenden Tabellenformaten. Deshalb: Das visuelle Design der Software ist die halbe Miete zur Akzeptanzerzielung bei den Stakeholdern.

5 Literaturhinweis

Manhart, IDC-Studie zum Datenwachstum – Doppeltes Datenvolumen alle zwei Jahre, CIO; http://www.cio.de/dynamicit/bestpractice/ 2281581/; Abrufdatum: 12.7.2011.

Kapitel 7: Literaturanalyse

Literaturanalyse zum Thema „Enterprise Performance Management"

Titel: Sink, Float or Swim. Wie jeder dauerhaft Hochleistung erbringen kann

Autoren: Jogi Rippel und Scott Peltin

Jahr: 2015

Verlag: Redline Verlag

Preis : 24,99 EUR

Umfang: 368 Seiten

ISBN: 978-3868812718

Inhalt

Nachhaltige Leistungsfähigkeit ist das Thema von „Sink, Float oder Swim". Der Autor von Kapitel 3.2 – Jogi Rippel – führt darin zusammen mit seinem Partner und Co-Gründer der Firma Tignum – Scott Peltin – das Konzept der Sustainable High Performance (SHP) detailliert aus.

Das heutige Wettbewerbsumfeld erfordert eine Professionalität von den Top Führungskräften, die weit über das fachliche Know-how hinausgeht. Ohne explizite und individuell zugeschnittene „Performance-Strategien" ist der fordernde Alltag dieser Personengruppe nicht mehr dauerhaft zu meistern. Falls doch, dann nur auf Kosten der Gesundheit oder des Privatlebens – auf jeden Fall nicht nachhaltig und damit nicht „sustainable".

Eingebettet in eine grundsätzliche Einführung in die Philosophie des „Sink, Float or Swim" gliedern die Autoren das Buch nach den vier Säulen ihres „SHP"-Ansatzes, d.h. in die Bereiche Performance Mindset, Performance Nutrition, Performance Movement und Performance Recovery. Für jede dieser Säulen werden ihre Relevanz für die nachhaltige Leistungsfähigkeit vorgestellt und konkrete Beispiele gegeben, wie sich die SHP-Prinzipien im Alltag umsetzen lassen.

Im Kapitel Performance Mindset wird dargelegt, welche Rolle die Gedankenwelt auf die eigene Leistungsfähigkeit entfaltet. Je nach Einstellung kann die „Performance" in einem Meeting deshalb stark variieren. Die Autoren beschreiben nicht nur, welche Effekte in verschiedenen Berufsalltagssituationen durch ein verändertes Mindset erreicht werden können, sondern geben vielfältige Anregungen, mit welchen Techniken die eigene Gedankenwelt beeinflusst werden kann.

Im Kapitel Performance Nutrition wird der Effekt der Nahrung untersucht. Es wird herausgearbeitet mit welchen Ernährungsstrategien sich eine dauerhafte Leistungsfähigkeit erreichen lässt. So wird z.B. gezeigt, dass die von vielen Gesundheitsexperten empfohlene Obstschale in Pausen- bzw. Meetingräumen aufgrund der Beeinflussung des Insulinspiegels durch den zwangsläufig im Obst enthaltenen Fruchtzucker im Ergebnis zu einer Leistungsreduktion führt. Besser wären Nüsse, die aufgrund ihres vergleichsweise hohen Proteingehalts die Insulinausschüttung dämpfen und so eine Unterzuckerung vermeiden helfen.

Im Kapitel Performance Movement wird die Relevanz von Bewegung auf die körperliche und geistige Leistungsfähigkeit diskutiert. Dabei geht es weniger um das Erreichen einer bestimmten Schrittmenge sondern darum, wie Bewegung über den Arbeitstag hinweg gezielt angeregt werden kann.

Im Kapitel Performance Recovery wird gezeigt, warum Erholung in all seinen Ausdrucksformen die Basis aller Leistungsfähigkeit ist. Es wird verdeutlicht, in welcher Form Erholungsstrategien gezielt eingesetzt werden können um die eigene Leistungsfähigkeit zu stabilisieren und bei Bedarf auszubauen.

Bewertung

Das Buch unterscheidet sich von allen anderen Publikationen, die sich im weitesten Sinne mit der Leistungsfähigkeit von Menschen befassen: Es geht nicht um allgemeines Wohlbefinden oder technisch ausgedrückt um eine moderne Form des betrieblichen Gesundheitsmanagements (BGM) sondern darum, Menschen mit langen und intensiven Arbeitsbedingungen Strategien an die Hand zu geben, die sich in deren Kontext umsetzen lassen. Die Autoren beziehen sich dabei an vielen Stellen auf ihre Erfahrungen in der Zusammenarbeit mit Spitzensportlern, militärischen Spezialkommandos oder sonstigen Berufsgruppen, die extremen Arbeitsanforderungen ausgesetzt sind.

Es ist das explizite Ziel der Autoren den Leser „from knowing to doing" zu motivieren. Sie möchten helfen, eine individuell nachhaltigere Leistungsplattform zu etablieren und entsprechende Routinen im Arbeitsalltag zu etablieren. Im Ergebnis sollen das Energieniveau, die Resilienz und mentale Agilität auf eine dauerhaft höhere Stufe gebracht werden. Resultate, die für jeden Leser von großem eigenem Interesse sein dürften.

Fazit

Ein empfehlenswerter Titel weil er nicht nur abstrakt und grundsätzlich aufzeigt, was jeder einzelnen zur Aufrechterhaltung und Steigerung der individuellen Leistungsfähigkeit tun kann, sondern konkrete und umsetzbare Empfehlungen gibt.

Verfasser der Rezension

Prof. Dr. Andreas Klein, Professor für Controlling an der SRH Hochschule Heidelberg und Herausgeber des Controlling-Beraters.

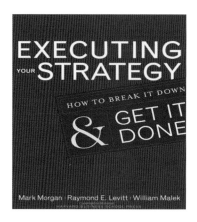

Titel: Executing your Strategy:
How to Break It Down and Get It
Done
Autoren: Mark Morgan,
Raymond E. Levitt und
William A. Malek
Jahr: 2007, ab 4. Auflage
Verlag: Harvard Business Review
Press
Preis: 33,21 EUR
Umfang: 304 Seiten
ISBN: 978-1591399568

Inhalt

Das in der 4. Auflage erscheinende Buch ist sozusagen der Nachfolger der Balanced Scorecard und überzeugte gleich zu Beginn durch zwei zentrale Feststellungen. Erstens: „There is simply no path to executing other than the one that runs through the project portfolio management" (S. 5) und zweitens „Strategic execution requires systemic thinking" (S. 11).

In Kapitel 1 wurde mehrfach hervorgehoben, dass sich die Effektivität einer Strategie innerhalb der Strategietransformationsphase bestimmt und dass diese in der Zusammenstellung eines Projektportfolios mündet. Die Autoren unterstützen mit der ersten Aussage nicht nur diese Argumentation, sondern sie nehmen damit entgegen faktisch allen vorherigen Publikationen des Verlags ausdrücklich keine Messoptimierungsperspektive mehr ein. Vereinfacht gesagt, stehen jetzt nicht mehr die Kennzahlen, sondern die Projekte im Fokus. Die Autoren konzentrieren sich im gesamten Buch auf die Aufgabe, dafür zu sorgen, dass das Unternehmen die richtigen Dinge tut. Das entspricht genau der EPM-Philosophie wie sie in diesem Buch vertreten wird.

Innerhalb ihres Buchs heben die Autoren die Vorteile ihres Strategic Execution Frameworks (SEF), d.h. ihres Strategietransformationskonzepts, hervor. Im Vergleich zu anderen Konzepten fällt hier besonders auf, dass dem Aspekt der „Ideation", d.h. der Bestimmung von Vision, Mission und Leitbild, ein überdurchschnittlich starkes Gewicht beigemessen wird. Es ist zu vermuten, dass in den jeweiligen Erfahrungen der einzelnen Autoren dieser Aspekt stark unterrepräsentiert war und daraus vielfältige Praxisprobleme erwuchsen. Im weiteren Verlauf des Konzepts werden dann strategische Ziele abgeleitet, die Konsistenz von Strategie, Kultur und Struktur geprüft und schließlich die erforderlichen Projekte und Programme identifiziert. Alles in allem ein erfolgsversprechender Ansatz mit vielen richtigen und wichtigen Hinweisen für die Realisierung eines effektiven EPM.

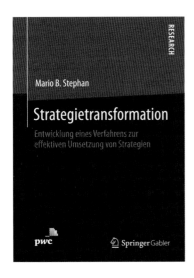

Titel: Strategietransformation –
Entwicklung eines Verfahrens
zur effektiven Umsetzung von
Strategien

Autor: Dr. Mario Stephan

Jahr: 2014

Verlag: Springer Gabler

Preis: 69,99 EUR

Umfang: 488 Seiten

ISBN: 978-3658051471

Inhalt

In diesem Buch wird das wissenschaftliche Fundament des organisationalen Performance Management gelegt. Es konsolidiert die Ergebnisse eines mehrjährigen Forschungsprojekts zur Unterstützung von Strategieumsetzungsprozessen und repräsentiert damit den Kern des Strategischen Performance Management. Auf Basis systemtheoretischer, kybernetischer sowie entscheidungstheoretischer Analysen werden populäre Managementkonzepte einer theoriebasierten Evaluierung unterzogen und darauf aufbauend ein Verfahren zur Strategietransformation entwickelt. In starkem Kontrast zu populärwissenschaftlichen Publikationen und damit auch zum zuvor genannten Werk von Morgan, Levitt und Malek werden hier zuerst die grundlegenden Anforderungen und Wirkungsprinzipien an moderne Managementinstrumente herausgearbeitet und wichtige Implikationen für die (strategische) Leistungssteuerung von Organisationen abgeleitet. Das Buch ist daher kein oberflächlicher Praxisleitfaden, sondern eine substanzwissenschaftliche Reflektion und Analyse der Leistungssteuerung von komplexen Organisationen im dynamischen Wettbewerbsumfeld.

Für Praktiker ist das Buch dennoch relevant, weil zum einen der mehrfach zitierte Aspekt der spezifischen Charakteristika komplexer sozialer Systeme in ausreichender Tiefenschärfe ausgeführt wird und alle diesbezüglichen Erkenntnisse in ein umsetzbares Phasenschema übersetzt werden. Zum anderen weil bspw. das populärste Managementkonzept, die Balanced Scorecard, erstmalig einer substantiellen Wirksamkeitsanalyse unterzogen wird und sowohl Stärken wie Schwächen ungeachtet wirtschaftlicher Interessen herausgestellt werden.

Titel: Apt Metrics, Astute Measures. A Strategic Approach to Performance Management

Autor: Roland Siebelink

Jahr: 2009

Verlag: lulu.com

Preis: 19,09 EUR

Umfang: 123 Seiten

ISBN: 978-0557127139

Inhalt

Das Buch ist im Wesentlichen die Niederschrift eines in Fachkreisen sehr gewürdigten Vortrags des ehemaligen Head of Group Strategy der Swiss Life in Zürich, Roland Siebelink. Was das in englischer Sprache verfasste Buch lesenswert macht, ist nicht nur seine Prägnanz (es hat nicht einmal 100 Inhaltssciten), sondern dass es im Guten wie im Schlechten die Perspektive eines Anwenders darstellt.

Der Autor beschreibt eindrücklich, wie die Unternehmensleistung im Kern dadurch gesteigert werden konnte, indem zuerst identifiziert wurde, welches die wirklich erforderlichen Erfolgsfaktoren für einen langfristigen Erfolg der Organisation waren und wie diese dann konsequent gegenüber allen anderen Aspekten priorisiert und umgesetzt wurden. An einer Stelle stellt er diesbezüglich fest, dass Unternehmen nicht in allen Aspekten in der „Champions League" spielen müssten, sondern dass es eben gerade die Kunst der Unternehmensleitung sei herauszufinden, was über Erfolg und Niederlage entscheide und in welchen Bereichen man einfach nur „mitschwimmen" müsse. Auch er konstatiert, dass das gesamtunternehmerische Projektportfolio der Ort sei, an dem sich dies am effektivsten realisieren lasse.

Das Buch glänzt auch mit praktischen Empfehlungen zum Umgang mit typischen Führungskräften. So stellt der Autor beispielsweise fest, dass es grundsätzlich leichter sei, über ein teures IT-Projekt eine echte Diskussion in Gang zu bringen als bei einem kleineren Projekt, bei dem zwar jeder glaubt, mitreden zu können, aber sich damit nicht auseinandersetzen will. Sein Tipp an (Nachwuchs-)Führungskräfte ist deshalb, wichtige Projekte eher zu teuer, als zu billig zu positionieren und so eine inhaltliche Auseinandersetzung zu provozieren.

Alles in allem ein interessanter Einblick in ein EPM-Projekt aus der Perspektive eines – nachweislich erfolgreichen – Anwenders.

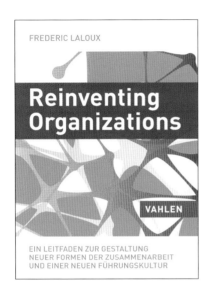

Titel: Reinventing Organizations: Ein Leitfaden zur Gestaltung sinnstiftender Formen der Zusammenarbeit

Autor: Frederic Laloux

Jahr: 2015

Verlag: Vahlen

Preis: 39,80 EUR

Umfang: 356 Seiten

ISBN: 978-3800649136

Inhalt

Frederic Laloux reflektiert in seiner Rolle als Coach und ehemaligem Unternehmensberater Organisationen in ihrem Verhalten und Wirken auf und mit seinen Mitarbeitern. Das erste Kapitel des Buches liefert zuerst hierzu einen Überblick über die historische Entwicklung von Organisationsparadigmen. Im zweiten Kapitel werden Strukturen, Praxis und Kultur von Organisationen, die ein erfüllendes und selbstbestimmtes Handeln der Menschen ermöglichen, anhand von ausgewählten Beispielen vorgestellt. Auf die Bedingungen, die Hindernisse sowie die Herausforderungen bei der Entwicklung dieser evolutionären Organisationen wird im anschließenden Kapitel 3 eingegangen. Hier entwirft Frederic Laloux einen Leitfaden für den Weg hin zu einer ganzheitlich orientierten und sinnstiftenden Organisation.

Was das Buch für manchen Leser attraktiv macht, ist die Tatsache, dass Laloux sich traut, seine eigene Perspektive an einer angeblich schon beginnenden Transformation des menschlichen Bewusstseins auf eine neue Bewusstseinsstufe zu orientieren. Seiner Ansicht nach geht dieser Bewusstseinsprozess damit einher, dass das menschliche Ego in Schranken gewiesen wird und eine authentischere und heilsamere Daseinsweise sucht. Damit postuliert auch er eine Abkehr vom mechanistischen Organisationsverständnis und fordert Sinnorientierung und Selbstorganisation ungeachtet formaler Hierarchien. Für ihn beschreibt sich die favorisierte Organisationsform am ehesten mit der Metapher einer Familie.

Das Buch ist in Summe eine im positiven Sinne „irritierende" Analyse der heutigen Organisationen und kann interessante Denkanstöße provozieren.

Stichwortverzeichnis